性别化创新

创新管理研究的女性主义视野

吴欣桐 陈劲 —— 著

GENDERED INNOVATION

北京大学出版社
PEKING UNIVERSITY PRESS

图书在版编目（CIP）数据

性别化创新：创新管理研究的女性主义视野 / 吴欣桐，陈劲著. —北京：北京大学出版社，2023.12

ISBN 978-7-301-34712-6

Ⅰ.①性… Ⅱ.①吴… ②陈… Ⅲ.①妇女学–研究 Ⅳ.① C913.68

中国国家版本馆 CIP 数据核字（2023）第 237005 号

书　　　名	性别化创新：创新管理研究的女性主义视野 XINGBIEHUA CHUANGXIN: CHUANGXIN GUANLI YANJIU DE NÜXING ZHUYI SHIYE
著作责任者	吴欣桐　陈　劲　著
责 任 编 辑	余亦秋　任京雪
标 准 书 号	ISBN 978-7-301-34712-6
出 版 发 行	北京大学出版社
地　　　址	北京市海淀区成府路 205 号　100871
网　　　址	http://www.pup.cn
微信公众号	北京大学出版社经管书苑（pupembook）
电 子 邮 箱	编辑部 em@pup.cn　　总编室 zpup@pup.cn
电　　　话	邮购部 010-62752015　发行部 010-62750672　编辑部 010-62752926
印 刷 者	北京宏伟双华印刷有限公司
经 销 者	新华书店 787 毫米 ×1092 毫米　16 开本　14 印张　210 千字 2023 年 12 月第 1 版　2023 年 12 月第 1 次印刷
定　　　价	68.00 元

未经许可，不得以任何方式复制或抄袭本书之部分或全部内容。

版权所有，侵权必究

举报电话：010-62752024　电子邮箱：fd@pup.cn

图书如有印装质量问题，请与出版部联系，电话：010-62756370

PREFACE ▶ **序言**

作为中国的创新管理学者,我们非常欣喜和兴奋地进行创新管理领域中"女性主义"这个新颖、温柔而坚毅的研究议题。本书凝结着我们对创新管理学科发展在后现代管理思潮下的深入思考。

创新需要"她们"的力量。这本书所讨论的,是创新管理中鲜有、冷门而具有理论和社会价值的议题——性别。近十几年来,无论是在国际还是在国内,随着女性意识的觉醒,女性主义相关的学术研究在实践中不断深入,并渗透到了创新管理领域。在中国,女性主义在创新管理研究中存在着双重边缘化:一是女性参与者的边缘化;二是性别维度的边缘化。边缘化的标签,实质上是一种弱势,意味着相关研究领域被隔离、被误解甚至是被广泛地忽视。更为严重的是,这种边缘化导致了性别可见度的降低,进一步影响到广泛的社会层面对于性别议题的重视程度,也使得后续想要投身于性别研究议题的科研工作者,尤其是其中的女性科研人员,缺乏足够的动力。相反地,边缘化同样也赋予了这一研究议题"野蛮生长"的机会,并使其获得了强大的生命力。犹如石缝中的草,"它们有的只是三两片长长的细瘦的薄叶,那细微的叶脉告知你生存该是多么艰难……如果这是一种本能,那么它正说明生命的本能是多么尊贵,生命有权自认为辉煌壮丽,生机竟是这样地不可扼制"。①

本书从创新在女性主义视野下的理论缘起出发,以创新管理研究中的创

---

① 出自 1935 年林希所创作的散文《石缝间的生命》。

新者这一微观机制入手，对女性创新者及其面临的刻板印象情景进行剖析，用"可行"来衡量和提升女性创新者的能力；随后，将性别维度引入创新管理范式，引入"性别化创新"并回应了当下国际上广泛重视的性别化创新领域的发展问题。本书的撰写，并不想落入女性主义相关的哲学、文学等传统的范式，而是希望以创新管理作为立足点，从管理研究、政策研究的范式出发，重新审视女性在创新管理、科技管理中的作用。希望本书能够有助于拓展当前性别议题在创新管理研究中的应用，并为创新管理的研究提供更加丰富的视角、价值和启示。

陈劲、吴欣桐

2023 年 8 月

CONTENTS ▶ 目录

第一篇 理论缘起：创新与女性主义

第 1 章 创新与女性：重要的创新理论发展进路　　3
 1.1 社会发展中的女性　　5
 1.2 科学中的女性　　8
 1.3 创新中的女性　　10
 1.4 本书的研究内容　　14

第二篇 创新中的女性角色：边缘化的微观主体

第 2 章 基础科学研究与工程技术应用中的女性　　23
 2.1 基础科学研究与工程技术应用中的管漏现象　　25
 2.2 科学研究中的杰出女性科学家　　28
 2.3 工程技术领域的杰出女性工程师　　39
 2.4 发明应用领域的杰出女性发明家　　47
 2.5 基础科学研究与工程技术应用中的女性人才成长规律　　52

第3章 家庭部门创新活动中的女性　　63

　　3.1　问卷设计与数据收集　　64

　　3.2　家庭部门创新者的识别　　65

　　3.3　描述性发现　　66

　　3.4　家庭部门创新动机发现　　67

第4章 女性创新者：内涵与类型　　73

　　4.1　女性创新者的研究议题与内涵解析　　73

　　4.2　女性创新者的分类框架　　76

　　4.3　创新管理研究中的女性　　81

第5章 刻板印象：女性创新者的威胁亦是机会　　91

　　5.1　技术创新情景与女性刻板印象　　95

　　5.2　女性创新者的窘境　　97

　　5.3　威胁：女性刻板印象的溯因　　101

　　5.4　机会：女性刻板印象在技术创新行为中的效用　　107

第6章 可行创新能力：女性创新者的发展　　119

　　6.1　技术创新情景中女性创新者的约束状态　　120

　　6.2　可行创新能力　　124

　　6.3　女性创新者可行创新能力的体系设计　　132

　　6.4　女性创新者可行创新能力的建构　　141

　　6.5　技术创新中女性创新者的选择　　142

第三篇　性别化创新：女性主义视野下的创新范式

第 7 章　性别维度嵌入：性别化创新的理论基础与发展脉络　151
    7.1　基本要素：性与性别　152
    7.2　方法论：性别维度中的性与性别分析法　154
    7.3　内涵辨析：性别化研究与创新和性别化创新　156
    7.4　发展脉络　158

第 8 章　全过程模型：性别化创新的过程解构　168
    8.1　性别化创新管理的社会建构基础　169
    8.2　性别化创新管理的全过程模型　170

第 9 章　性与性别分析法：性别化创新的分析工具　176
    9.1　性与性别分析法的嵌入　177
    9.2　输入：性别数据、女性经验和经历　179
    9.3　处理：性与性别分析法　182
    9.4　输出：科学、知识、职业发展福利　184

第 10 章　性别影响评估：性别化创新的影响评价工具　187
    10.1　性别影响评估的必要性　188
    10.2　性别影响评估设计　189
    10.3　工具包开发　192
    10.4　案例检验　198

第 11 章　过度性别化：性别化创新中过犹不及的问题	203
11.1　性别化创新及其悖论	204
11.2　研究方法与案例选择	207
11.3　实证分析结果	208

第一篇
理论缘起：创新与女性主义

本篇是全书的理论基础，回顾了创新与性别在理论层面交织的发端。"视野"即"视角"，它能够为理论研究的发展提供新的维度、要素、假设、目标和实践等。创新管理的理论发展包括思路导向和问题导向两条进路，而创新的女性主义视野就是在问题导向的进路之下所引发的理论思考和发展路径。当人本思潮的回归让平等、关爱、尊重等思想得到关注和传播，并使得"性别议题"已经被广泛关注并成为诸多社会发展问题获得进一步突破和修正的切入点时，创新管理的相关研究也需要及时跟进并予以拓展。创新管理需要明确学术领域和社会发展领域对性别的关切，并嵌入性别所带来的新维度、要素、假设等，从而为创新管理理论注入新的活力。

第1章

创新与女性：重要的创新理论发展进路

创新管理理论是创新活动的重要理论支撑，其理论发展可以分成思路导向和问题导向两条进路（Denzin 和 Lincoln，1994）。思路导向即沿着理论发展的进路，不断在现有理论中放宽假设条件、补充理论概念、增加价值目标、拓展实践范畴，从而让理论得以发展；问题导向即发现现实存在的问题并与理论对话，寻求解决问题的途径。

科学和技术创新对全球经济发展、企业技术进步、商业模式改进产生了颠覆性影响，创新成果搭载着巨大的个体能动性，因而具备了强烈的外部效应，会对社会产生更加广泛的溢出效果。从问题导向上看，随着创新活动的系统化和复杂化，创新成果经历了设计、研发、制造、商业化等过程，深入参与了社会系统，被嵌入在社会活动之中。其中诸多性别相关社会问题和新情境也会随着嵌入过程而产生，为理论发展带来危机和契机（张俊心，1993）。在经济领域，女性经济赋权的提升使得女性消费决策的影响力日益增强、市场结构随之发生改变，女性的社会地位和角色也相应地发生了变化；在管理领域，女性高管、女性创业者、家族企业的女性继承人、信息与通信技术和服务领域的女性劳动者、女性情感劳动者都在行业发展中扮演着关键角色，是组织行为研究的热点研究对象；职场中广泛存在的招聘歧视、职业隔离、"玻璃天花板"（晋升难度大）、职业迷宫、"玻璃悬崖"（工作稳定性低）、劳动权益侵害、职场性骚扰等也成为组织管理领域中的重要研究问题；在中宏观政策领域，"性别主流化"[①]

---

① 性别主流化是欧盟提出的通过政策手段改进和完善、实现两性平等的社会运动。

逐渐被推广并成为共识，促进女性参政议政、在精准扶贫和慈善项目中嵌入性别意识、二孩政策与性别、教育政策与性别等问题均为政策制定者需要重点思考的内容。可见，性别议题已经得到广泛关注并成为诸多社会发展问题获得进一步突破、修正的切入点。

"视野"或"视角"对于理论研究的发展起着重要的作用。新的研究视角能够为理论研究提供另一套能够被接受和认同的假设、概念、价值目标、实践（Johnson 和 Onwuegbuzie，2004）。人本思潮的回归为组织管理理论研究中纳入平等、关爱、尊重等理念／观念提供了契机[①]。性别视角意味着两性平等、普惠价值观等人本观，而其在经济与管理领域中仍是较为偏门和边缘化的理论视角。从思路导向上看，"性别议题"最早可以追溯到女性主义运动和实践，后逐渐形成女性主义科学知识社会学研究，并逐步渗透到了几乎所有的传统学术研究领域。在创新所引发的科技进步与社会变革过程中，将性与性别因素引入创新管理，能够增加科学研究与创新过程中的研究视角、找到尚未被发现的理论间隙，有助于激发创新成果。而由性与性别因素所形成的创新成果，能够更好地服务两性，使女性群体共享由创新和技术进步带来的福利提升。

那么，如何理解"女性主义视野"这一研究视角的内涵？其内在建构逻辑是什么？更进一步，创新管理和女性之间有着怎样的关系？怎样将性别视角嵌入原有的创新管理理论成果，以实现性别化的解构与重塑？作为国内创新管理研究领域在创新管理范式嵌入性别视角、进行性别化解构与重塑的一次尝试，本书按照理论发展演化的逻辑，回顾了女性主义科学史、性别与管理实践、性别与科学技术、性别与创新的研究成果；从组织管理角度出发，以"女性"作为创新管理被二次建构的视角，对创新管理进行性别化解构与重塑，试图直面科学研究与创新的严谨性和实践性之间复杂的张力、叩问创新管理领域中关于性与性别差异、探索创新管理中多元融合的可能性，从而为创新管理工作开辟新的视域。

[①] 2010 年美国管理学年会（Academy of Management Annual Meeting 2010）主题为"从关爱到挑战"；2017 年世界经济论坛（World Economic Forum Annual Meeting 2017）主题为"领导力：应势而为、勇于担当"，均反映了组织管理研究的人本思潮。

1.1 社会发展中的女性①

女性主义的科学知识社会学为性别议题提供了理论和价值观的沃土,这种观念也在不断向各个领域普及。在政治领域,表现为性别主流化(gender mainstream)的推进;在劳动经济领域,表现为经济赋权(economic empowerment);在就业与人力资源发展领域,表现为管漏现象(leaky pipeline)的出现和解决。

1.1.1 性别主流化

根据欧洲委员会的定义,性别主流化指的是政策在(重新)组织、改进、发展和评估过程中,让两性平等观点渗透到政策制定的各个层次和各个阶段。很多学者都对政策的性别中立性提出了疑问:很多国家的政策看似性别中立,实质上是一种性别无视,它们忽视了两性所面临的真实约束,认为现实是无差异的、无冲突的(Mieke 和 Connie,1995)。而事实上,在资源配置、责任承担、劳动分工等多个方面,两性都有着显著的不同。因此,性别主流化是推动政策进步、对政策进行反思的有效方式。欧洲专家小组率先设计出了"性别影响评估"(Gender Impact Assessment,GIA)的性别主流化分析工具,通过输入—输出—影响的逻辑顺序来分析政策对两性平等的影响。性别影响评估是一种先验性的政策分析工具,在政策颁布之前通过对话、技术预测等方式对新政策进行"有无对比"分析②,识别出政策可能带来的积极和消极影响,从而不断重新定位和修正政策。

Verloo(2005)提出了一种批判性的政策分析框架来促进政策的性别主流化过程。与其他政策分析框架不同的是,除了诊断政策问题、预估政策行动和开展多方对话,它为性与性别因素提供了舞台,纳入了女性主义研究中的"社

---

① 本节内容源于本书两位作者已发表论文:吴欣桐,陈劲. 2019. 创新管理范式的解构与重塑:性别化的视角学解析 [J]. 科学学研究,37(09):1671-1679。
② 通过比较有无项目两种情况下项目的投入物和产出物可获量的差异,识别项目的增量费用和效益,其目的在于度量项目所带来的增量效益。

会性别"(陈劲和吴欣桐,2018)概念并将"性与性别分析法"的要素(吴欣桐等,2018)嵌入性别影响评估：①性别维度（社会认知图式、性别身份、行为规范和制度）；②性别结构（劳动结构、公民身份、婚姻关系结构）；③性别机制（资源、道德和社会规范在两性间的分布）；④交叉影响（民族、种族、阶级、年龄）。性别影响评估已经应用于分析家庭部门经济政策、微观企业经济政策、就业政策等。

1.1.2 女性经济赋权

科学与性别、性别主流化主要是基于科学哲学逻辑和政策逻辑，共同尝试着将性别与科学研究、社会发展结合起来。市场和经济驱动则是性别议题普及的主要动因。在经济研究领域，议题主要是研究女性对经济的贡献以及女性在经济发展中所扮演的角色，研究对象集中在女性高管、女性创业者和其他女性新兴劳动者类型上，并已经取得了诸多优秀的研究成果。与男性高管相比，女性高管具有更加明显的关系导向和民主风格（Johnson 和 Eagly，1990）。技术复杂化使得高效的管理实践方式通时合变，随着创新活动的开展逐步转向协同创新、用户创新、开放式创新、平台驱动式创新，创新活动涉及的相关者多、信息量大、对沟通能力和知识共享的需求强烈（Ansari 等，2014），而这些都与女性高管友好、包容、愿意倾听、善于沟通、具有同理心的关系型特点相符。作为企业家精神的重要代表，创业者在创新驱动发展的社会发展背景下，承担着扛鼎之力。通常情况下，由于女性承担着大部分家务劳动以及生育、抚养与教育子女和赡养老人等家庭事务，因而她们倾向于进行自主创业来获得更大的工作自由度，以便平衡工作与家庭之间的关系。另外 Raheim 和 Bolden（1995）发现自雇形式的创业行为比单纯地提高收入对女性赋权的效果更大。

然而，参与传统经济活动的女性远远不止这两种社会角色。近几年，随着服务经济的繁荣发展，女性劳动者在服务业的优势也在逐渐凸显。当然，共通性的劳动市场性别歧视问题仍然存在，女性劳动者面临同工不同酬、工作稳定性低、晋升难度大等问题。有研究表明，女性在特定行业的就业率和收入取决于该行业是否被"性别化":如果一个行业被打上高技术型的标签,行业内的职位就具有男性气质(masculine)和较高的社会地位;如果一个行业被打上低技术型的标签,行业内的职位就具有女性气质(femininity)并伴随低社会地位和低收入。后者发生在话务、电报传递、文档管理等工作中。此类服务型工作又被称为"关节型工作"(articulation work),作为其他工作环节之间的衔接是对社会秩序的隐形管理,但往往不被承认、不受重视(Hampson 和 Junor,2005)。理论学者的各种实证研究发现,这些关节型工作需要劳动者具备整合能力、协调能力、融合能力、判断力和较强的知识储备(Howcroft 和 Richardson,2010)。根据社会分层视角下的功能主义理论,社会角色的功能与价值报酬相匹配,由于"关节型工作"不直接创造经济价值而使得很多劳动成果无法直接被衡量,故价值报酬相对较低。这也是造成性别收入鸿沟(gender income gap)的原因之一。

1.1.3 女性管漏现象

科学技术领域的不断创新是社会能够维持健康和可持续发展的关键。其中,对于STEM[①]领域发展的重视使得相关专业的人才需求日益增加。但是,从人口比重上看,截至 2022 年 3 月 29 日,全球 238 个国家和地区人口总数约为 79 亿人,女性约为 38.43 亿人。但是,在 STEM 领域中女性比重过低,根据联合国教科文组织统计研究所的报告,女性在全球科研领域中的占比不到 30%。[②] 在 Dasgupta 和 Stout(2014)的综述中,他们提到了 STEM 领域中的女性管漏现象,在个体参与社会活动的三个主要发展期(青春期、成年初显期以及专业时期)中,女性都会受到学习环境、同伴压力、家庭压力、家庭责任等现实状况的阻碍,无法持续地参与到 STEM 领域的长期科研工作中,从而使得

---

① STEM 是科学(Science)、技术(Technology)、工程(Engineering)、数学(Mathematics)四门学科英文首字母的缩写。
② 联合国教育、科学及文化组织:科学界的女性,https://www.shkxzx.cn/?mod=datas&act=list&id=276,访问时间:2023-06-01。

该领域的女性参与度和成就表现出严重的性别差异。

1.2 科学中的女性①

女性主义科学史的研究，是一种二阶（second-order）历史（张君弟，2017）；它是以女性主义作为研究视角，针对科学史这一研究对象，打破主流价值体系的一种尝试。之所以能够对科学史进行性别化的再解读，是由于在建构主义（constructivism）思潮的影响下，科学知识的社会建构属性所具备的合法性得到了认可。Sandra（1989）认为，社会性别②的敏感性能够给科学研究带来反思的机会，促进人们去反思自身观念和行为建构过程。若以理论视角作为划分标准，女性主义科学史大致经历了三个发展阶段（章梅芳，2015）。

第一个阶段主要发生在 20 世纪 80 年代以前，以寻找并填补科学史中的"被遗忘的妇女"作为主要研究内容；通过对文献、档案的梳理，挖掘出在科技发展历程中那些做出了突出贡献却被忽略的女性，从而恢复女性科学家在科学史中的地位并申说其重要作用。Yount（1999）按照姓氏从 A 到 Z 系统性梳理了在自然科学和数学领域中的杰出女性。Ogilvie 和 Harvey（2003）也做了类似的研究，但是时间横向跨度更大，所纳入的杰出女性科学家案例更多。凯勒（1995）以芭芭拉·麦克林托克（Barbara McClintock）为案例，详细介绍了她在玉米遗传领域的贡献，并通过阐述这位女性遗传学家生平、遗传科学发展背景以及科学家群体互动的过程和轨迹交叉，展示当时自然科学领域中女性科学家所处的真实环境。诸如此类的传记文学、编史学、社会学的研究是对科技发展史料的二次整理和解读，从实践意义上鼓励并促进女性积极参与到科研

---

① 本节内容源于本书两位作者已发表论文：吴欣桐，陈劲. 2019. 创新管理范式的解构与重塑：性别化的视角解析 [J]. 科学学研究，37(09)：1671-1679。
② 社会性别（简称为"性别"）是一种区别于生理上男性和女性概念的一种社会建构概念。它涉及特殊社会文化和情景之下的两性在态度、行为等方面的差异，从而形塑着整个社会"男性化"和"女性化"寓意及其背后所限定的行为方式和规范。

究领域,但并没有从科学观和科学研究范式上进行性别角度的反思。目前,一些针对女性科学家的实证研究,通过数据验证科学家在就业比例和科研资助比例、金额、数量和成功率上的性别差异,发现了科学领域中的"管漏现象"、学术合作被边缘化等(吴欣桐等,2017)。

第二个阶段发生在 20 世纪 70—80 年代,通过性别化批判的视角来反思各个学科的基本假设,涉及议题设置、数据处理方法、构念过程、结果解释、研究主客体之间的关系等。这些问题的回答构成了一个学科的基本范式。也就是说,这一阶段的女性主义科学史研究开始对研究范式进行思考,探索研究范式是否明确或隐晦地存在性别偏倚。该阶段的研究亦是对史料进行二次解读,通过内容分析、文本分析、话语分析等方法来解读历史文档、图纸、口述资料、数据等,尤其是使用隐喻分析来推断当时对于性别的基本认识。在女性主义科学史的研究者看来,任何隐喻都企图通过某些相似属性来建立新旧事物之间的对应关系和连接,具有价值负载性,能够影响到对被隐喻物的判断。此类型的研究主要包括三种形式:① 对特定历史时期科学著作和史料进行分析,反映特定历史背景和情景下的社会性别观念,例如麦茜特(1999)对文艺复兴时期田园诗、自然科学著作和较为经典的《翠玉录》(*Emerald Tablet*)、《蒂迈欧篇》(*Timaeus*)和《新大西岛》(*The New Atlantis*)的隐喻分析中得到结论,认为科学革命本身蕴含了对自然和女性的控制与剥削。② 对某一著名科学家的著作和口述资料进行专门分析,反映其代表的观点,例如 Keller(1985)对培根的著作进行了隐喻分析,认为他所提供的科学模型、研究议题、科学研究方法、实验程序等都渗透着性别不平等意识和刻板印象,也反映了启蒙时代精英科学家所持有的性别观念。③ 对某一科学研究活动或社会运动的史料进行分析,反映当时社会主流的性别观念和意识,例如 Haraway(1984)对美国纽约自然历史博物馆的标本展览进行研究,发现非洲游猎历史的展览暗藏着对男性英雄的崇拜,并试图抹去女性在非洲游猎历史中的痕迹。这一阶段开始进行反身性思考、反思科学研究所负载的性别价值倾向性。但由于研究对象仍是基于既已发生的史料和文档,因而研究视野仍然是"后验"反省而非

"先验"前瞻。

第三个阶段始于 20 世纪 90 年代，随着后殖民主义、后现代主义、多元文化和全球化的蓬勃发展，女性身份开始被赋予更多的理解，种族、民族、阶级、历史约束、情境约束等多种社会因素被纳入考察范畴，性别与之复杂的交叉互动成为研究主题。这一阶段，女性身份被认为是破碎的、流变的，这意味着对科学史的二次解读和诠释视角变得更加复杂和碎片化，通常需要两个以上的学术视角去解释一段故事。例如，傅大为（2005）使用性别、种族、历史约束来解释中国台湾的女性对身体文化的认识以及男性助产士的出现和演变；白馥兰（2006）使用性别和历史约束来解读中国晚清时期的建筑技术、纺织技术和节育技术所蕴含的帝制权力制度，解释中国晚清时期科技中所包含的性别意识。还有大量研究对某一历史时期的特定社会现象（婚姻生活、闺塾师与才女文化、怀孕文化等）从性别维度进行解释。

1.3 创新中的女性[①]

尽管不同的国家有着不同的发展历史、意识形态、制度文化等，并且根据不同的经济或社会标准被概念化成第一、第二及第三世界国家，但大部分国家都在审慎判定自身发展水平和潜力之后制定了创新战略。在促进以知识为基础、需要跨界合作机制的经济与社会的发展中，新兴的工业化、去工业化和再工业化国家拥有共同的利益。

技术社会化具体地说，就是一方面在社会区位的整合下，使技术满足和适应社会规范的要求；另一方面，通过对社会心理的调适，使公众对技术形成积极的社会态度，最后使技术在发展过程中被社会接受、被公众认同，成为社会相容技术。而技术社会属性的获得和完善、技术社会角色的形成和发展则构成

[①] 本节内容源于已发表论文：吴欣桐，陈劲. 2019. 创新管理范式的解构与重塑：性别化的视角解析 [J]. 科学学研究, 37(09)：1671-1679；陈劲，吴贵生. 2018. 中国创新学派：30 年回顾与未来展望 [M]. 北京：清华大学出版社.

了技术社会化的基本内容。

技术具有双重属性，即自然属性和社会属性。技术的自然属性首先表现在任何技术都必须符合自然规律，违背自然规律的技术是不存在的。其次，技术活动在很大程度上是一个自然过程，其间虽有人的参与，但它本质反映的是自然的必然性。最后，任何技术的结果也是自然的，它可能使人享其利，也可能使人受其害。除了自然属性，技术还具有社会属性，任何技术目的都只是生活在社会中的人才具有的。另外，技术的社会属性还表现为无论是技术发明还是应用，它都是一种社会活动，受到多种社会因素的制约。某些技术所造成的重大社会后果，也是技术社会属性的一种表现。技术的社会属性随着技术的产生而获得，并随着技术的发展而完善，这个过程也就是我们所说的技术社会化过程。

技术社会化是技术社会角色的形成和发展过程，其中技术社会角色就是技术在社会中的地位、作用和社会对技术的期待、要求。技术社会角色在不同时期、不同国家都有所不同，技术社会化在不同社会也表现各异。在近代资本主义社会，科学成为资本家的致富手段，在这种社会角色下，资本主义生产方式利用科学技术为直接的生产服务，发明开始成为一种特殊职业，该时期科学技术社会化的速度和规模都与以往时代有着根本不同。另外，技术社会角色还与其社会形象有关，即技术在社会中的地位、作用以及社会对技术的期待、要求，使人们产生了一种社会认知，这就是技术社会形象，它的建立也表现出技术社会化的特点。

技术社会化的功能主要有三种：显功能、潜功能和反功能。

显功能就是指通过社会的整合调适，提升技术的适应能力，使技术成为被人们认同、接受的社会相容技术，以更好地发挥其生产力功能。比如通过对技术发明过程的社会整合调适，使发明成果更好地适应社会需要，成为社会相容的潜在技术；通过对技术应用推广过程的社会整合调适，解决应用推广过程中的"断层"现象，使技术成果更快地转变为社会相容的现实技术；通过对技术改造过程的社会整合调适，使原有的成熟技术得到更新，再次被社会相容；通过对技术引进过程的社会整合调适，使外来技术被新的技术风土接受、被新的社会环境相容。

潜功能是指技术社会化一方面造成了社会对技术的相容性，另一方面突出了技术对社会的适用性。但如果处理不好相容性和适用性的关系，有时候就容易产生令人们始料不及的社会后果。如过分强调发展中国家引进对社会适用性较强的"中间技术"，往往就会形成先进国与落后国之间潜在的等距离追赶现象。而过分强调技术必须得到公众认同以获得社会相容性，则容易形成迁就社会公众的保守态度，增大技术发展的社会阻力。

技术社会化的目标是通过技术的社会整合调适，使之成为社会相容技术。但是，如果技术在社会的整合调适下完全丧失了自主性，全然受制于社会，就会造成技术社会化的反功能，即过度社会化现象的出现，以致一方面使某些技术在社会中难以实现，另一方面使某些技术在社会中超前发展，这都是与我们对技术进行社会整合调适的初衷相背离的。

由于技术社会化存在上述三种功能，因此在进行社会整合调适的过程中，应注意充分发挥其显功能，以促进技术成果更好、更快地向现实的社会生产力转化。对于技术社会化的潜功能，应注意不能片面强调技术对社会的适用性或社会对技术的相容性，仅对技术进行单方面的整合，同时还要通过对社会环境的改善，使社会风土更加适应技术的生存和发展，通过对公众态度的调适，使社会公众更倾向于认同和接受新技术。对于技术社会化的反功能，即过度社会化的现象，一方面由于技术社会化是有一定限度的，仍可在一定范围内保留自主性，维持自身发展内在的规律性，因而不会完全受制于社会；另一方面为了避免过度社会化造成某些技术超前发展，也要注意掌握社会整合的力度与方式，不能只根据主观愿望和需要而不顾客观现实和可能，一味追求某些技术的实现，这样往往是欲速则不达。

而女性之所以在传统的创新活动中被认为是一种较为边缘的微观主体，主要也是源于社会化的过程。由于女性在创新活动中的参与度不足，导致其可见度较低，常常被认为是"隐匿的"。进而，技术社会化的三种功能也不能很好地服务于女性群体。

一直以来，创新中性别议题的研究成果较为分散，呈现出三种基本方向。

第一，关于科学研究领域中的性别刻板印象及其后果研究。大部分的研究都是基于统计数据和案例分析来展示 STEM 领域中的女性所面临的各种性别偏倚，以及由此积累而成的个体层面的性别差距。部分学者致力于用精确的统计模型来描述和分析男女性分组之间的数据差距［如能力测试差距（Ellison 和 Swanson，2010），收入差距（Daymont 和 Andrisani，1984），绩效差距（Galor 和 Weil，1995）］。还有一部分研究是探索为什么会产生性别差距，公认的两大原因是 STEM 领域中女性角色模范的欠缺和工作—家庭冲突。女性角色模范研究即关于杰出女性高管、女性科学家和女性创业者的研究，主要是分析她们的人格特质，形成民主型、关系型和回报型行为风格，树立友好、善于沟通、具有同理心、包容的杰出女性形象（Rudman 等，2012），建立身份合法性、获得社会接受和认可。针对工作—家庭冲突，在管理学研究领域，主要是通过实施性别友好型工作制度，来获得工作与家庭的平衡（Cabrera，2009）。性别友好型工作制度主要包括工作方式的改进（远程工作、弹性工作时间、提供兼职、暂时性缩编等），劳动权益的保障（产假、再就业等）和其他家庭支持服务（育儿支持和赡养老人支持等）。但对于科学研究领域的女性工作者而言，她们需要付出巨大的时间和精力投入，性别友好型工作制度的可操作性较低，难以适应当前高度压力下的科学研究。除了组织层面和个体层面，也有研究从社会建构的视角研究人口性别比例所建构的国家文化对工作—家庭平衡政策的影响（Lyness 和 Kropf，2005）。性别差距还会对科学研究本身造成负面影响，比如在基金申请和资金资助方面，很多具有潜力和社会价值的研究提案会因此错失。投资者大都对女性技术创新者缺乏投资信心，女性开发的产品或服务很难找到公开市场交易之外的替代性投资（alternative investment funding）（Bradley 等，2013）。而那些性别研究课题，往往被认为是边缘学科而无法通过主流研究基金委员会的评议并失去资助机会。鉴于此，2016 年，美国国家卫生研究院（National Institutes of Health，NIH）宣布，旗下基金支持的所有药物临床前研究和临床试验都必须设计性别实验。另外，还针对年轻女性科学家和科研人员提供资助，支持她们在职业发展的早期和转型时期的发展。

第二，关于女性科学家、女性科研人员、女性被试者的性别比例均等性研究，主要基于实验室模拟或统计数据，证实研发团队的性别比例对问题处理、研发成果数量、实验结果的影响。Woolley 和 Malone（2011）通过实验室研究发现，剔除智力成分的影响，拥有更多女性的团队在决策商议、头脑风暴、拼图等复杂活动中表现更好；已有很多医学实验证实，女性被试者在心理学实验、临床试验、自我汇报，尤其是痛感汇报（Mogil 和 Chanda，2005）中对实验结果的鲁棒性有显著影响。

第三，科学研究与创新中的性别维度的研究。目前，美国斯坦福大学教授隆达·施宾格（Londa Schiebinger）在性别化创新项目的研究成果中，提出了五种指导方法和四种具体操作方案，涉及科学问题、医疗健康问题、工程问题和环境问题，针对不同行业领域有不同的性别分析工具包（toolkit）。性别维度作为一种技术与社会共演的结果，被独立地嵌入具体的行业和技术情景。然而，一旦缺乏标准的分析逻辑和框架，性别化创新的推广难度就会增大。当研究团队中缺乏性与性别分析专家时，性别化创新就只会成为一种口头禅而无法落实和深入。陈劲和吴欣桐（2018）提出的基于科学研究与创新链的性与性别分析法基本框架，仍然是属于科学研究领域内的方法论研究，尚未涉及具体分析技术。

1.4 本书的研究内容

本书从科学研究与创新参与者和科学研究与创新内容两个角度，来剖析女性主义在科学研究中扮演的角色。对于科学研究与创新参与者而言，创新驱动实质上是人才驱动，在激烈的国际竞争中，"惟创新者进、惟创新者强、惟创新者胜"。女性创新者作为技术创新工作者的重要组成部分，是创新驱动的不竭动力。理论上，刻板印象所构建出的女性预设形象让女性在创新活动中面临刻板印象威胁。在对女性创新者身份不一致、匹配度与合法性的丧失、能力认知、认可与晋升劣势及其所在技术创新团队氛围等刻板印象溯因分析的基础上,本书提出了女性创新者作为边缘化的微观主体的概念与表现,并阐述了"女性刻板印象与女性刻板印象威胁之间的非必然性"。技术创新的容错倾向、协同创新、技术创新风险的防御性保障、多身份调节和转换能够干预女性刻板印象威胁,甚至使之成为女性创新者的发展机会和有利条件,从而让晦涩不清的、在迷雾中探索的"女性创新者"进入研究视野,以此从平等、关怀和共同发展的层面上重构有关创新者的理论研究成果并丰富创新理论的人文观。对于科学研究与创新内容而言,创新管理理论研究需要随着现实情境和理论演进而不断深入。对创新管理范式进行性别化的解构与重塑,是在创新管理研究成果之中引入性别维度、进行理论的性别化再建构和反思,有助于提升创新成果的质量、承担对两性的责任、实现社会普惠。

本书聚焦的"性别化创新"是由欧盟率先提出的,它是创新管理研究中女性主义视野的核心议题。性别化创新是一种新兴的创新范式,能够反哺科学研究、提升研究成果的质量和对两性的责任。性别化创新的分析逻辑,是从逻辑起点和过程演进两方面来解构性与性别分析法的嵌入。它主要涉及以下五个方面:

第一,梳理并归纳性别化创新的理论内涵。性别化创新的逻辑起点是对科学研究进行性别维度的反思;性别化创新的过程演进是将性与性别分析法嵌入科学研究全过程,涵盖了对性别数据、女性经验与经历的收集、汇总、分析、挖掘和转换方法,并与外部的科学研究与创新环境形成互动。

第二,提出性别化创新的分析逻辑。分性别的分析逻辑强调了性与性别因素在科学研究中的作用,通过完成女性数量修正、制度修正和知识修正,对科学研究本身进行反思与逻辑重构、输出对两性的责任与普惠价值取向,最终实现"包容互惠的发展前景"。

第三,介绍性别化创新的三种策略和性与性别分析法。性别化的创新管理，融合了女性主义科学史、性别与科学技术、性别与管理实践、性别与创新实践、创新管理的理论成果，它以创新全过程模型为基础，通过"修正制度、修正知识和修正数量"三种性别化创新策略，对创新战略制定、创新计划制订、创新项目组合、创意发展、研发和设计、生产制造、商业化和阶段性调整等各个阶段实现性别化解构与重塑，从而解决原有创新管理过程中的性别盲视问题，不断修正和完善创新管理的性别价值倾向性，实现创新管理中多元融合的可行性，提升人文关怀和道德可接受性。

第四，设计性别影响评估方法。由于性别的社会建构属性以及创新成果形式的多元化，传统的性别影响评估作为一种政策分析工具，已经无法完全适用于评价实体和非实体创新成果。为解决这一问题，笔者从过程视角出发，提出"创新管理中的性别影响评估"，包含了筛选、设计、审查和价值实现四阶段和评估工具包（投入—产出—影响模型、影响评估标准矩阵和空间递推矩阵）。随后，以失能老人辅助器具的市场探索为例，将性别影响评估应用于该行业。创新管理中的性别影响评估为创新成果本身及其外溢的社会性别影响提供了客观评价和反身思考的机会，促进了创新成果达成两性共享、服务社会以及社会普惠的价值取向。

第五，提出过度性别化的问题和潜在危害。性别化创新提倡在科学研究中以性别维度来思考和审视整个创新过程，已经被广泛应用于生物科学、健康与医疗、工程和环境等领域。然而，性别维度有可能被过度强调或错误判定而产生过度性别化，使得创新成果不完全符合两性需要，甚至导致结果偏差，产生过犹不及的影响。本书以 ZB 公司提出的性别特异性膝关节置换假体创新计划为案例，对过度性别化进行归因解析，一方面能够扩大性别化创新对于现象的解释范畴，另一方面能够避免线性的、片面的性别化创新中对于悖论和矛盾现象的解释，提升理论解释的合理性。

在案例部分，本书从项目和代表人物两个角度梳理了性别化创新相关的代表案例，以期为读者的实践应用提供借鉴。

参考文献

ANSARI S, REINECKE J, SPAAN A. 2014.How are practices made to vary? Managing practice adaptation in a multinational corporation [J]. Organization Studies, 35：1313-1341.

BRADLEY S R, GICHEVA D, HASSELL L，et al. 2013.Gender differences in access to private investment funding to support the development of new technologies [R/OL]. (2013-05) [2023-06-26]. https://bryan.uncg.edu/wp-content/uploads/2018/02/13-9.pdf.

CABRERA E F.2009. Fixing the leaky pipeline：five ways to retain female talent[J]. People & Strategy，32(1)：40-46.

DASGUPTA N, STOUT J G.2014.Girls and women in science, technology, engineering, and mathematics：STEMing the tide and broadening participation in STEM careers[J]. Policy Insights from the Behavioral and Brain Sciences, 1(1)：21-29.

DAYMONT T N, ANDRISANI P J.1984. Job preferences, college major, and the gender gap in earnings [J]. Journal of Human Resources, 19(3)：408-428.

DENZIN N K, LINCOLN Y S.1994. Handbook of qualitative research[M]. Thousand Oaks：Sage Publications.

ELLISON G, SWANSON A.2010. The gender gap in secondary school mathematics at high achievement levels：evidence from the American mathematics competitions[J]. Journal of Economic Perspectives, 24(2)：109-128.

GALOR O, WEIL D N. 1995.The gender gap, fertility, and growth[J]. Cepr Discussion Papers, 86(3)：374-387.

HAMPSON I, JUNOR A.2005.Invisible work, invisible skills：interactive customer service as articulation work[J]. New Technology Work & Employment, 20(2)：166–181.

HARAWAY D. 1984.Teddy bear patriarchy：taxidermy in the Garden of Eden, New York City, 1908-1936[J]. Social Text, 11(11)：20-64.

HOWCROFT D, RICHARDSON H.2010.Work and life in the global economy：a gendered analysis of service work[M]. Queensland：Palgrave Macmillan.

JOHNSON B T, EAGLY A H.1990.Involvement and persuasion：types, tradition, and the evidence[J]. Psychological Bulletin, 107(3)：375-384.

JOHNSON R B, ONWUEGBUZIE A J.2004.Mixed methods research：a research paradigm whose time has come[J]. Educational researcher, 33(7)：14-26.

KELLER E F.1985. Reflections on gender and science[M]. New Haven：Yale University Press.

LYNESS K S, KROPF M B.2005.The relationships of national gender equality and organizational support with work-family balance：a study of European managers[J]. Human Relations, 58(1)：33-60.

MOGIL J S, CHANDA M L.2005. The case for the inclusion of female subjects in basic science studies of pain[J]. Pain, 117(1–2)：1-5.

OGILVIE M, HARVEY J.2003.The biographical dictionary of women in science：pioneering lives from ancient times to the mid-20th century[M]. New York：Routledge.

RAHEIM S, BOLDEN J.1995.Economic empowerment of low-income women through self-employment programs [J]. Affilia, 10(2)：138-154.

RUDMAN L A, MOSS-RACUSIN C A, PHELAN J E，et al. 2012. Status incongruity and backlash effects：defending the gender hierarchy motivates prejudice against female leaders[J]. Journal of Experimental Social Psychology, 48(1), 165-179.

SANDRA H. 1989.Is there a feminist method//WYLIE A, POTTER E, BAUCHSPIES W K. Feminism and science[M]. Bloomington：Indiana University Press, 1-14.

VERLOO M, ROGGEBAND C.1995.Gender impact assessment：the development of a new instrument in the Netherlands[J]. Impact Assessment, 14(1)：3-20.

VERLOO M. 2005. Displacement and empowerment：reflections on the concept and practice of the council of Europe approach to gender mainstreaming and gender equality[J]. State & Society, 12(3), 344-365.

VERLOO M. 2005. Mainstreaming gender equality in Europe：a critical frame analysis[J]. The Greek Review of Social Research, 117, 11-34.

WOOLLEY A, MALONE T.2011. What makes a team smarter? More women[J]. Harvard Business Review, 89(6)：32.

YOUNT L.1999. A to Z of women in science and math[M]. New York：Facts on File.

白馥兰 .2006. 技术与性别：晚期帝制中国的权力经纬 [M]. 江湄，邓京力，译 . 南京：江苏人民出版社 .

陈劲，吴欣桐 .2018. 性别化创新的理论内涵与实践应用：性与性别分析法的贡献 [J]. 社会科学战线，(04)：67-74.

傅大为 .2005. 亚细亚的新身体：性别、医疗与近代台湾 [M]. 台北：群学出版有限公司 .

凯勒 .1995. 玉米田里的先知：异类遗传学家麦克林托克 [M]. 台北：天下文化出版社 .

麦茜特 .1999. 自然之死：妇女、生态和科学革命 [M]. 长春：吉林人民出版社 .

吴欣桐, 陈劲, 梅亮, 等.2017.刻板印象：女性创新者在技术创新中的威胁抑或机会？[J].外国经济与管理, 39(11)：45-60.

吴欣桐, 陈劲, 梁琳.2018.性别化创新的分析逻辑：科学研究中的性与性别分析法[J].科学学研究, 36(09)：1659-1667.

张君弟.2017.反思, 重返与二阶科学：一场新型科学结构的革命？[J].科学学研究, 35(8)：1130-1135.

张俊心.1993.科学学理论发展与学科建设的紧迫问题[J].科学学研究, (1)：24-27.

章梅芳.2015.女性主义科学编史学研究[M].北京：科学出版社.

第二篇
创新中的女性角色：边缘化的微观主体

　　创新中的女性角色，是一个内涵丰富、多元的概念。"她"不仅包括女性科学家、女性发明家、女性科研人员等狭义的创新者概念，还是在社会中从事各行各业、通过激发个人创造力来完成优秀成果的女性劳动者的总称。从创新的过程来看，在科学、技术发明、创新创业、社会创新等各个领域和阶段中，女性都扮演着重要的角色。创新中的女性角色，是女性自我价值的实现、占有自己的全面本质、实现个人发展，能够更好地进行技术创新活动。另外，技术创新成果的商业化推广和应用，能够借助社会共享技术创新正外部性来达成女性个人创新能力和影响力的拓展。在这个过程中，女性完成了创新能力提升和价值实现，又承担了社会发展的责任、为社会发展带来福利增加，实现了个人价值和社会福利的统一。

第2章
基础科学研究与工程技术应用中的女性

性别不平等、性别发展不均衡等问题在人类历史上和社会的诸多方面都长期存在。随着社会的进步和文明的发展，女性的处境和社会地位都得到了显著的提升和改善。

近年来，科技治理中的性别议题在科技政策领域日益得到重视。2021年7月，联合国教育、科学及文化组织（UNESCO）在《创造性韧性》（*Creative Resilience*）报告中指出，在科学研究中忽视性别维度的影响会严重阻碍《2030年可持续发展议程》及其十七项可持续发展目标的实现，并发出全球倡议——在科学技术发展过程中关注并解决各种性别议题，这将会为后疫情时代的科技进步和经济复苏提供全新的应对方式和发展路径。世界卫生组织于2020年5月发布《性别与COVID-19》（*Gender and COVID-19*）报告，认为新冠疫情的暴发促进了科学研究对于性别议题的反思——性别差异是科技创新所忽视的间隙，是成果突破的重要切入点；各个国家需要以强有力的性别分析为基础，开展高质量的性别区分研究，关注性别对于科学研究的重要意义（WHO，2020；O'Flynn，2020）。而回溯科技治理中与性别议题相关的政策制定，早在2011年的联合国性别、科学、技术决议，就强调科学研究要考虑科技成果对两性的影响并鼓励研究人员树立性别差异意识并进行区分研究（UNESCO，2011），后续的《2030年可持续发展议程》（2015）、"聚光灯倡议"（2017）、世界妇女大会《北京宣言》（2020）、《世界妇女的进步：变化世界的家庭（2019—2020）》等文件都强调性别维度的嵌入对于科技发展的重要性。

近年来，我国也逐渐关注科技治理中的性别议题。早在 2010 年 9 月 9 日，国家自然科学基金委员会召开第九次全体委员会议，提出了一系列鼓励女性科研人员发展的特别政策措施（包括放宽申报年龄、资助倾斜、研发团队性别多样化等）。2011 年，科技部、全国妇联印发《关于加强女性科技人才队伍建设的意见》（国科发政〔2011〕580 号）；2015 年 9 月，中华人民共和国国务院新闻办公室发表《中国性别平等与妇女发展》白皮书，报告了当时国内百余所高校已经开设 440 余门女性学和性别平等课程，性别平等议题也已经纳入国家哲学社会科学规划，支持开展性别平等与妇女发展研究。2015 年，习近平主席在全球妇女峰会上提出：要制定更加科学合理的发展战略，既要考虑各国国情、性别差异、妇女特殊需求，确保妇女平等分享发展成果，又要创新政策手段，激发妇女潜力，推动广大妇女参与经济社会发展。2021 年，科技部会同全国妇联等 12 家部门印发《关于支持女性科技人才在科技创新中发挥更大作用的若干措施》（国科发才〔2021〕172 号），进一步强调强化女性科技人才的创新活力并促进实现国家高水平科技自立自强。如今，性别议题在我国的基础科学和研究领域中已经获得了充分的政策关注度。

基础科学和研究领域中性别不平等问题的出现，实质上是一种循序渐进的现象，国际上称之为"管漏现象"，这一现象被康奈尔大学的心理学家斯蒂芬·切奇（Stephen Ceci）和温蒂·威廉姆斯（Wendy Williams）、堪萨斯大学的经济学家唐娜·金瑟（Donna Ginther）和波士顿大学的经济学家舒拉米特·卡恩（Shulamit Kahn）通过统计数据，在各个学科中都得到了证明。"管漏现象"描述的是在基础科学和研究领域的相关学科中，随着教育和学术生涯向高层次发展，女性所占的比重越来越低，女性人才在逐渐流失。因此，有人将这一现象形象地比喻为"管漏现象"，将学者的教育和学术生涯比作水在一个狭长的管道中不断流动的过程，女性人才会在学术生涯中途不断漏走，形成大量人才的流失。

2.1 基础科学研究与工程技术应用中的管漏现象

首先，在受教育者中进行性别比重的分析。对于受教育者性别占比的分析，有利于识别出管漏现象是否由教育机会不均等而造成。图 2-1 展示的是我国近 20 年（2002—2021）从学前教育到博士各个教育阶段中女性毕业生的占比均值。从图 2-1 中可以看出，学前教育、初等教育和中等教育阶段中的女性毕业生比重都接近 50%，本科和专科的女性毕业生比重超过总毕业生人数的一半，硕士阶段的女性毕业生比重有所下降。但是，在博士阶段，女性毕业生比重呈现显著的下降，约占总毕业生人数的 37%。这说明，在我国基础教育和中等教育阶段，男性和女性的教育机会不均等问题并不明显，而在高等教育的前期，女性甚至占有优势比重。

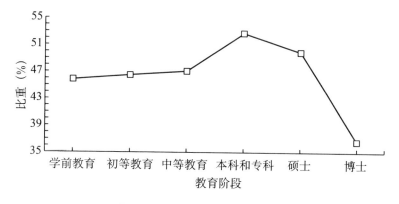

图 2-1　各教育阶段中的管漏现象

资料来源：中国教育部、中国国家统计局、EPS 数据库。

进一步对高等教育阶段女性毕业生占比进行细分比较，如图 2-2 所示。在图 2-2 中，我们还纳入了普通高中女性毕业生比重的相关数据。从图中可以发现，普通高中女性毕业生比重逐年接近 50%，但是在考入普通本科以及进修硕士研究生学历的女性毕业生比重达到 50% 以上，这说明女性在高考中升学的比重较高，并且倾向于继续深造。然而，在获得了硕士研究生学历以后，大量女性毕业生并不会选择继续深造，博士研究生中女性毕业生比重在 30% ~ 40%。

虽然从 2006 年开始，博士研究生中女性毕业生的比重大致呈现出逐年增长的趋势，但是总体上看，仍然和男性有较大差距。

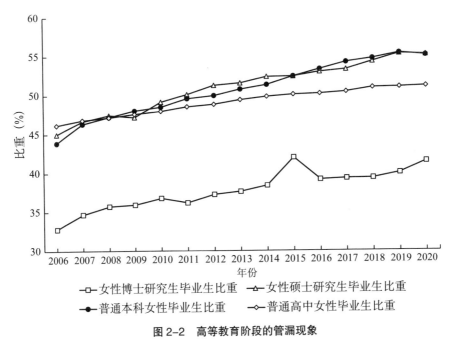

图 2-2 高等教育阶段的管漏现象

资料来源：中国教育部、中国国家统计局、EPS 数据库。

Wernicke（1970）曾经分析博士学位阶段的特殊性。他认为，博士学位阶段的学术工作通常需要耗费更长的时间才会有产出，且产出的不确定性较大；实验室研究、实地调查、著书立说等活动都无法在短期内完成。可见，博士学位阶段的学术工作通常强度大、严重超负荷，投资回报期长，投资不确定性高。而在这一阶段中，女性往往处在生育年龄，她们会在自主选择、社会压力或家庭压力等环境下分配一部分时间和精力在家庭事务中或选择生育，导致难以平衡这种高负荷的学术工作。于是，在博士阶段，较多的女性自愿或被迫选择结束学术生涯。在这一阶段中，女性不可避免地需要去处理工作和家庭之间的关系，Hackett 和 Betz（1989）指出，如果大学或学术机构能够积极面对并处理这一问题，例如提供托儿服务，女性在博士阶段退出的现象将会有效减少。

不同领域的研究学者开始讨论学术生涯中的管漏现象为什么会发生。经济学研究者认为，个体的选择是理性的，女性选择结束学术生涯也是在多种选择中权衡利弊的结果，女性会选择从事相对产出较高的工作。长期以来，女性被认为具有较弱的分析能力和逻辑思维能力，与男性有显著的生理属性差异，导致她们在基础科学和研究领域中并不占有优势，其成果产出也显著低于男性，因此在学术生涯的后期，会更加容易退出该领域。社会学研究者认为，女性的退出更多地受到社会惯例、社会中隐性或显性存在的性别偏见、刻板印象和社会性别差异的影响，这些因素驱使她们在教育选择和职业选择上，往往更加倾向于回避基础科学和研究领域中的相关学科。

关于男性和女性的生理差异，Hines 和 Saudino（2003）在其研究中提到，在胎儿时期，男性荷尔蒙的水平会影响到个体的空间处理能力和数学能力，导致男性和女性这一方面的性别差异，然而这一研究实际上是缺乏更进一步的实验数据支持的。2015 年，《美国国家科学院院刊》（*Proceedings of the National Academy of Sciences of the United States of America*）明确宣布，人类的大脑并没有两性分类，不存在男性大脑和女性大脑之说。这些研究进一步证明，男性和女性的差异极有可能是后天造成的，包括了养育过程中的差异、性别偏见、行为榜样等。

除了求学者，高等教育从业者中的管漏现象也非常明显。如图 2-3 所示，普通高等学校女性教职工人数逐年接近 50%，校本部女性教职工人数比重略低于前者，但总体上仍然超过 40%。而在那些从事教学和科研的女性专任教师中，取得副高级职称的女性专任教师比重仅占总人数的不到 10%，取得正高级职称的女性专任教师比重未发生显著的变化，至 2020 年仍不超过 3%。这一数据，无论是对女性科学工作与研究者的职业生涯发展，还是对于后续培养女性大学生、硕士生或博士生持续投入学术研究工作中而言，都是一种预警。女性专任教师如果难以获得副高级或正高级职称，那么在职业生涯发展的后期她们将会更加倾向于退出基础科学和研究领域。而那些正处于学习阶段的女性大学生和研究生，也因此缺少相应的女性科学家或高校教师作为她们的行为榜样，这会使得女性大学生和研究生在做职业生涯选择时更加倾向于脱离基础科学和研究领域。

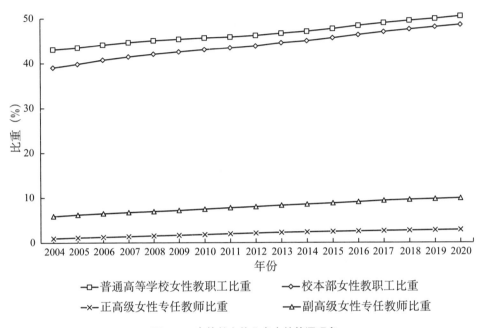

图 2-3　高等教育从业者中的管漏现象

资料来源：中国教育部、中国国家统计局、EPS 数据库。

2.2　科学研究中的杰出女性科学家

有不少科技史学的研究者对于多年来在科学研究领域做出过杰出贡献的女性科学家们进行了系统性的梳理，例如斯坦福大学的科技史学教授隆达·施宾格（Londa Schiebinger），她认为在关于性别与科学研究的议题中，有三个主要的分支，它们在分析上截然不同但在逻辑上却又环环相扣，分别是女性参与科学的历史、科学机构结构构成中的性别问题、人类知识内容中的性别化。在这三个议题中，女性科学家都扮演着极为重要的角色。首先，女性科学家是女性参与科学研究的重要代表性角色，她们对于科技的进步和科学成果的突破性进展有重要的作用；在科学机构结构构成中，女性科学家往往处在较高的层次结构并具有较强的可见度和话语权，其个人影响力能够在科学机构中对于科技政策或科技管理政策的变革起到重要的推动作用；女性科学家又是人类知识生产的重要主体，她们在知识生产过程中嵌入性别维度并对现有的人类知识内容进行重新建构和再解读，也直接影响着大众从性别维度上对现有知识进行新的理解。

目前，女性科技人才队伍的规模在逐渐扩大，其结构也不断优化，女性所展示出的科学研究和创新能力也显著提升。在基础理论研究领域、应用技术研究领域和工程实践等多个领域，女性都做出了杰出的贡献并充分彰显出其在科学研究与创新中所扮演的重要角色。但是从总体上看，高层次的女性科技人才，尤其是女性科学家仍然较为缺乏，她们中的大部分在科技职业发展过程中都会面临一些瓶颈问题，这使得女性科技人才在科学研究与创新中的作用并未得到充分发挥。为了对女性科技人才进行激励，UNESCO 和法国欧莱雅集团联合从 1998 年开始颁发"世界杰出女科学家成就奖"（L'Oréal-UNESCO For Women in Science Awards），每年在拉丁美洲、欧洲、亚洲及太平洋地区、非洲及阿拉伯国家、北美洲分别评选出杰出女性科学家，以表彰她们在解决世界重要科学难题、应对社会重要挑战方面所做出的贡献，并通过奖项的设立为其团队提供进一步的科研经费支持。这也是世界上唯一在全球范围内专门评选并奖励女性科学家的奖项。

2018 年，欧莱雅基金会与 UNESCO 呼吁"请男士为投身于科学的女性站台"（Male Champions for Women in Science），倡导在科学界促进性别平等。虽然在学界和业界都在为提升女性科研工作者的比重而不断努力，但是女性在科研工作者总人数中比重还不到 30%，管漏现象、玻璃天花板现象依然突出。女性在科学研究领域中的代表性不足会在一定程度上阻碍科研质量的提升、减少科研成果的多样性。

在国内外科学发展的历史长河中，闪耀着众多做出过杰出贡献的女性科学家们，她们在各自擅长的科学研究领域中发挥着自己的智慧，并为拓展人类知识的边界不断努力。历年来，获得"世界杰出女科学家成就奖"殊荣的中国女性科学家们有李方华、叶玉如、任咏华、谢毅、陈化兰、张弥曼、胡海岚共计7人，她们彰显了我国女性科学家的风采，提升了我国科学家尤其是女性科学家的国际形象和科学影响力。以下简要介绍玛丽·居里（Marie Curie）、贾斯汀·卡塞尔（Justine Cassell）、胡海岚、张弥曼和陈化兰五位科学家的研究成果。

2.2.1 持续终身的科学精神：玛丽·居里

"科学精神"具有丰富的内涵，在不同的时代发展背景之下、在不同的微观个体心中都有不一样的解读和诠释。在玛丽[①]心中，科学精神意味着一种高度利他的公益精神，科学和科学研究成果是属于全人类的，也需要贡献和服务于全人类。

玛丽，是人类原子能时代的开创者之一。作为一名杰出的科学家，她为学术研究做出了卓越非凡的贡献，是世界上第一位两次获得诺贝尔奖的科学家。然而，玛丽一生的际遇较为坎坷，但她仍然凭借着坚定的梦想、志向和科学精神，持续不断地在科学研究领域输出影响世界的科研成果。

1867年，玛丽出生在一个波兰教师家庭，当时的波兰被沙俄占领，她从小就面对着民族的压迫和生活的贫困，而这激发了她对民族和国家的热爱以及个人发奋图强的精神。1891年，她依靠自己当家庭教师所积攒下来的积蓄，从华沙搬到法国巴黎，在当地一所大学求学。经过不懈努力，她先后获得物理学和数学学士学位，并且赢得了一个能够进入实验室工作的珍贵机会。玛丽的学业非常优秀，特别是在物理和化学方面。1893年，玛丽从巴黎大学物理系毕业，其成绩位列班级第一；第二年，玛丽顺利取得数学学士学位，毕业成绩名列全班第二。这为她后期的研究打下了坚实的基础。

---

① 因居里是其夫皮埃尔·居里的姓氏，考虑到本书的性别化特点，为强调玛丽·居里的女性身份，故后文将她简称为玛丽，而非惯用的姓氏居里。

第 2 章
基础科学研究与工程技术应用中的女性

玛丽在科学研究中的辉煌成绩，始于 1898 年对放射性新元素镭和钋的发现。早在 1896 年，玛丽就选择了将放射性元素作为主要研究方向，系统性地研究和发明了从沥青和矿渣中提取出放射性元素等相关微量元素的方法和工艺，并且自行承担了从大量原材料中提取微量元素的繁杂而沉重的工作。在这一过程中，玛丽的丈夫居里先生也逐渐从原本的晶体电磁现象研究转向了放射性元素的研究中。

1903 年，时年 36 岁的玛丽和她的丈夫因为发现镭等新元素而获得了诺贝尔物理学奖。随后的多年，各种学术荣誉纷至沓来。但是，居里夫妇却始终保持着高度的利他主义精神和淡泊名利的情怀。在讨论是否将提纯镭元素的方法和制作工艺进行专利申请时，面对着拮据的生活和紧张的实验室经费，他们仍然坚持将相关的提纯技术和工艺无偿公布给大众；凡是科学家和企业索取制作工艺，他们都耐心回复邮件并详细告知。他们认为，从自然界中发现的规律是属于全人类的，只有无偿公开给大众，才是符合科学精神的。

1921 年，玛丽应邀去美国访问并接受美国人民所捐赠的 1 克镭。当时的欧洲刚刚走出第一次世界大战的阴霾，1 克镭的价格十分昂贵，即使是当时享誉全球的居里夫妇的实验室都难以在经济上负担 1 克镭。但是，在捐赠前夜，当玛丽看到捐赠协议中写明这 1 克镭是捐给她个人时，她立即要求更改捐赠协议并且将受捐赠方改成了她所领导的实验室。她之所以坚持这样做，是因为不愿意当她个人发生意外身亡时，这笔巨额的财富由她的家人继承，因为这样并不符合科学精神。

第二次世界大战爆发以后，玛丽毅然选择关闭实验室的大门，投身于战争的洪流之中并远赴法国的战场医院。玛丽发现当时所有的战地医院都缺少 X 射线设备，她便在当地组建了 X 射线设备并在战地设置了 200 多个 X 光照相室。当时的她，不仅在枪林弹雨的战场中来回奔波于各个设备点位，还经常亲自到一线拍摄伤病人员的照片，便于外科医生根据照片所展示的位置取出伤病人员的子弹。有时候，玛丽甚至直接在 X 光照射下帮助医生施行手术。为了保证当时战地医院 X 射线设备的服务工作，她冒着生命危险辗转奔波，并因此多次负伤。

在从事科学研究的三十多年以来，玛丽不断接触放射性元素镭、持续呼入着镭射气。在战地救援的过程中，她还接触过 X 射线。玛丽在晚年时期，被诊断出患有严重的贫血症，甚至双眼还有极高的失明风险，即便如此她仍然顽强地进行着科学研究。1934 年 7 月 4 日，玛丽与世长辞，享年 67 岁。她发现的镭元素已经挽救了无数人的生命，直到现在更多的生命仍将因她的科学发现而得以延续。

终其一生，玛丽一直坚持利他的科学精神，将自己的智慧化作光和热来普照整个世界，从未置身事外。

2.2.2 人工智能的温情：来自贾斯汀·卡塞尔的研究

贾斯汀·卡塞尔（Jusine Cassell），现任世界经济论坛未来计算机全球未来理事会主席，卡内基梅隆大学计算机科学学院副院长，被称为"人工智能女王"。她一直致力于吸引女性工作者加入高新技术领域、参与科学研究。

1994—1995 年，卡塞尔在宾夕法尼亚大学和美国语言学会工作期间，致力于研究女性为什么能够在语言学研究领域获得较为正常的职业发展道路。她对女性学术研究者在语言学领域的职业发展进行经验总结，给其他学术领域的女性科研工作者予以借鉴和参考。

2011 年《纽约时报》（*New York Times*）对卡塞尔进行专访时，问道："互联网情境中的女性都在哪里"，她回应道："女性语言特点使得她们在网络环境下可能面临着更多的阻碍。因为维基百科等互联网情境，会使得人们为了让自己的声音或舆论被关注而采取一些更加激进的话语方式，包括表达一些相互冲突的观点或展开对于正确性的激烈争论。但是，辩论、争论或捍卫自己的立场，往往会被视为一种打着男性标签的行为方式，这使得女性在使用这些语言风格时会激发一些负面评价，因此女性在互联网的话语体系中，常常不占优势，所以在网络中的可见度偏低"。卡塞尔的这些认知以及其对女性在话语体系中的持续关注，为她后续进行针对女性而设计的人工智能语言系统奠定了基础。

人工智能技术是一门通过研究和设计计算机程式来模拟人的某些特定思维过程和智能行为（包括学习行为、逻辑行为、推理行为、计划与规划行为、思考行为等）的新兴学科。虽然相关的研究已经长达10多年，但是人工智能技术仍然是冰冷的，它们与人类之间的互动方式仍然是单调的。卡塞尔认为，人类之间丰富的沟通并不仅局限于语言系统，进而，人类与机器人之间的交互活动也不应仅存在于语言系统之中，而应该尝试着引入非语言系统，包括面部表情（眼睛、眉毛、嘴等，尤其是微表情），肢体语言（手臂语、手势语和腿部语），仪表服饰（衣着、发饰、首饰、化妆等），辅助性语言（音调、语气、声调、声音暗示等），环境语（场合、室内装饰、温度、光线等）。而这些非语言系统应该同语言系统一道被嵌入到人工智能系统之中，并融入人际交互过程，而这是当前人工智能技术中人机交互所面临的挑战。

卡内基梅隆大学计算机科学学院聘请卡塞尔，并认为她是一位能够"扩大研究所学术视野"（expand the horizons of the institute）的科学家。在后续的研究中，卡塞尔较为系统和全面地解释为何女性在互联网时代逐渐丧失更多的可见度和话语权。另外，卡塞尔对于女性语言和非语言特征的研究，使得她将具有女性风格和特点的语言与非语言系统应用到人工智能领域，并开发出更加温情的机器人。例如，卡塞尔主导开发了虚拟机器人助手"Embodied Conversational Agents"（ECAS），它是一种能够同时使用语言和手势来与人类进行互动的虚拟人，并已经开始应用于临床研究。在此基础上，卡塞尔创造了虚拟儿童机器人来与儿童进行互动，帮助自闭症儿童走出心理障碍。

近年来，卡塞尔一直活跃在人工智能技术领域的一线，并连续6年（2012—2017）在达沃斯世界经济论坛担任演讲人。期间，她多次提及"人工智能普惠化"，让所有人都能在人工智能的帮助下，公平地享受到机会，让机器学习算法去理解以往那些不被大众关注的人群的行为。在卡塞尔的世界里，人工智能技术是具有温情的，只有这样，才能更有能力和机会去帮助全人类。

2.2.3 关爱驱动，点亮美好：胡海岚团队抑郁症研究的重大突破

2018年浙江大学医学院、求是高等研究院胡海岚团队在《自然》（*Nature*）杂志上发表两篇研究论文，其研究在发现导致抑郁症真正的"元凶"问题上取得了重大突破，为研发新型抗抑郁药物提供了多个崭新的分子靶点。2022年6月21日，浙江大学神经科学中心执行主任胡海岚教授荣获第24届欧莱雅—联合国教科文组织世界杰出女科学家成就奖，其获奖原因主要是长期致力于研究社会行为和情绪的神经编码和调控机制，从而为抑郁症治疗提供了新的干预方式。

胡海岚在大学学习生物、化学期间，被《神经生物学：从神经元到脑》一书深深吸引，了解到神经细胞是如何传递、整合而形成高级神经功能的。她回忆道，"知道大脑发出的电脉冲可以被记录，脉冲的功能可以被探知时，是我科学生涯被启蒙的一刻"，这激发了她探索脑科学的兴趣和好奇心，也坚定了她从事神经系统研究的决心。

在胡海岚前往美国留学期间，她决定挑战一个相对没有被开垦过的领域——情绪，尤其是与情绪相关的疾病，如抑郁症。她希望通过自己的研究，推进人类对于情绪和抑郁症的认知，为患者带来希望、点亮美好。抑郁症是影响人类生活最严重的精神疾病之一，而抑郁症的危害却一直被社会忽视。大众不理解抑郁症，将其简单地定义为不开心，这使得很多抑郁症患者具有强烈的病耻感，担心他人用异样的眼光看待自己。进而，他们对患有抑郁症多采用心理上的抵触和回避的态度。并且，社会上普遍存在着对精神类疾病的歧视现象，他人的冷嘲热讽和不理解，导致抑郁症患者缺乏充分的关爱，受到疾病之外的二次伤害。换句话说，抑郁症患者不仅得不到社会的关爱和他人的理解，还会因为病耻感作祟而持续不断地进行自我攻击、独自承受痛苦且不愿意向他人寻求帮助，在心理和生理上遭受双重伤害。对抑郁症的关注和深入研究，源自胡海岚教授关爱驱动、应用导向的研究观念。2022年6月，联合国教科文组织邀请她到法国巴黎参加"欧莱雅—联合国教科文组织世界杰出女科学家成就奖"颁奖典礼，在颁奖仪式上，胡海岚真诚地说道："虽然脑神经的奥秘一直

是'未解之谜',但我相信终有一天,基于对精神疾病背后的神经机制的理解与认知,人类能提出解决方案,让精神疾病患者摆脱痛苦。"

另外,在从事科学研究的过程中,胡海岚致力于促进神经科学界平等性的相关工作,关注给予女性充分展示她们的科研发现的机会,帮助她们用自己的研究成果来获得认可。胡海岚还指出,"年轻""女性科学家"这些标签不宜被过度强调,因为在科学的真相和事实面前,人人平等。

在很多公开场合的发言或演讲中,胡海岚都多次强调自己将会继续努力破解抑郁症的密码,为抑郁症患者带来希望、提供帮助。同时,她也希望通过自己的经历来激励更多对科学研究感兴趣的女性追求自己的梦想、保持好奇心与热情、心怀对大众的关切与关爱,为人类社会做出贡献。

2.2.4 关注自然,归于意义:张弥曼团队水生脊椎动物研究的认知推进

2018年3月23日,中国科学院古脊椎动物与古人类研究所教授、中国科学院院士张弥曼在巴黎获颁"世界杰出女科学家成就奖",她是第六位荣膺该奖项的中国女性科学家。张弥曼的主要研究方向为水生脊椎动物,其研究成果为水生脊椎动物向陆地的演化过程提供了化石证据,推动了人类对于生物进化史的认知。在获得"世界杰出女科学家成就奖"之前,她已经得到了古脊椎动物学会的最高荣誉——罗美尔·辛普森终身成就奖。

这里提到的水生脊椎动物向陆地的演化化石证据,指的是距今约4亿年前泥盆纪杨氏鱼和总鳍鱼化石的相关研究。在此之前的相关研究中,科学界普遍认为古总鳍鱼是四足动物的祖先,而张弥曼的研究有力质疑了这一传统理论。她经过大量精细的磨片研究发现,古总鳍鱼没有内鼻孔因而无法脱离水面在陆地上生活,这也就证明了古总鳍鱼作为现代两栖类动物的祖先这一观点是值得商榷的。同样地,她利用精细的磨片研究方法证明了杨氏鱼化石没有内鼻孔、鼻泪管、颅中关节等结构,这些证据在之前都被认为是认定两栖类动物祖先的关键证明。张弥曼还对比了英国、德国和法国记录与收藏的相关标本,证明了自己的研究结论具有普遍性。

性别化创新
>>> 创新管理研究的女性主义视野

在接受相关媒体采访时，张弥曼提到，走上古生物化石研究这条道路，是受到了当时社会氛围的感召。当时，张弥曼看到刘少奇同志的讲话："地质是工业的尖兵，国家要建设首先需要工业，要把工业发展起来，一定要先找到矿产"，于是在高中毕业时报考了北京地质学院，期望为祖国找到珍贵的矿产资源。在后来的研究中，张弥曼关于古鱼类化石的研究也成功应用于实践领域，为我国大庆油田和胜利油田的石油地质成因提供了基础性材料和证据。张弥曼根据当时地层中的化石样本并结合东亚地区古鱼类演化的规律提出，含油量最丰富的地层应该是距今1亿年左右的晚白垩纪时代，而当时是"海陆交互相沉积环境"。这与当时石油地质理论中认为石油是由海洋生物生成这一理论是相悖的。在后续的研究中，大庆油田的三位研究人员发现大庆油田深油的最主要层位是晚白垩纪时代所对应的地层，与张弥曼当年提出的观点是一致的，中国人也因此提出了"陆相生油"的理论并发现了大庆油田。

在报考北京地质学院前，张弥曼从小的梦想是当一名医生，但受到了国家的号召之后，她便选择投入地质工作。年轻时的张弥曼每年都会花数月时间在全国各地寻找化石，在数十载的坚持下，张弥曼逐渐揭开了这些化石背后的谜团，使自然界这些沧海桑田的变化变得清晰。在获得"世界杰出女科学家成就奖"的发言中，她提到，从事古脊椎动物研究生涯已经60年，自己最初的职业选择并非出于兴趣，而是响应国家号召，但长期的研究却发现这个领域为人类加深对自然界的认识、了解生命的演化和发展具有重大的意义。

年过八旬的张弥曼在采访中提到"当老朋友一个个离去，我庆幸自己还在这个世界上，所以更要珍惜时间，多做一些有意义的事情"。这启发了科学工作者对意义的思考。问题解决模式或者市场需求模式的科学研究与创新工作是较为短视的，缺乏对于创新活动社会意义的深刻洞察和对人类发展的美好向往，从而大大削弱了创新所具备的社会外部性的长期应用效果，最终会影响到社会的长期发展和人类文明的进步。而具有高度智慧性的科学研究和创新活动必须要承担起推动人类文明发展、认知进步、全球可持续发展、人类总体福利改善和社会文化进步的责任。张弥曼关于科学研究的选择,激发了每一位科研工作者对意义的探索和追求。而这一过程无可避免地依赖于具体的情境。简而言之,科研工作者在做出选择时,应研究在国家发展、社会需求和自我实现中进行平衡,甚至需要思考人类文明和可持续发展这些很重大的社会问题,而不是在脱离历史和情境的真空环境中考虑,否则做出的科学研究和创新成果会陷入历史虚无主义的泥沼。

2.2.5 使命引领,呼唤担当:陈化兰团队在禽流感防控研究上的持续努力

陈化兰,中国科学院院士,动物流感基础与防控研究创新团队首席科学家。现任国家暨世界动物卫生组织(Office International des Épizooties,OIE)禽流感参考实验室和联合国粮食及农业组织(Food and Agriculture Organization of the United Nations,FAO)动物流感参考中心主任,"国家杰出青年"获得者,"973"项目首席科学家,国家自然科学基金"创新研究群体"项目学术带头人,我国第一位 OIE 专家,OIE 最高技术决策机构—生物标准委员会副主席[1]。她在禽流感的流行病学、分子致病机理、诊断技术和疫苗研制等方面都取得了突破性的研究成果,荣获国家科学技术进步一等奖、国家技术发明二等奖等多项重要奖励。

控制禽流感疫情的国际通用办法是将疫区范围内的家禽全部捕杀,但是这一方式通常会带来严重的经济损失,陈化兰提出,更加有效的做法是使用疫苗来阻断和预防疫情的发生。她带领研究团队先后成功研发一系列禽流感灭活疫苗并广泛应用于实践,在禽流感防御工作中起到了极为重要的作用。

2013 年,在上海及其周边省份发现了一种寄生在人体中的新型流感病毒,在此之前这种病毒从未在人体中发现过;从 3 月发现这种病毒开始,已有 1 567 人感染,600 多人丧生。与此同时,在附近区域的家禽身上发现了禽流感病毒。在首次确认新型禽流感病毒 H7N9 不到 48 小时,陈化兰就率领自己

---

[1] 中国科学院陈化兰院士主页:http://www.hvri.ac.cn/rcdw/ys/147140.htm,访问日期:2023-06-26。

的研究团队在疫情周边区域进行大量的样本收集，并发现当时引发人类感染的新型流感病毒与当时的 H7N9 禽流感病毒高度同源，从而明确了人类新型流感病毒的来源，为疫情的防御和控制奠定了坚实的屏障。同年 12 月，在 *Nature* 评选的"2013 年全球科学界十大人物"中，陈化兰因成功帮助中国平息 H7N9 禽流感疫情而当选，被誉为持续战斗在禽流感一线的"流感侦探"。

2017 年 1 月，陈化兰团队发现，H7N9 禽流感病毒发生了关键性的突变，感染后的家禽会快速发病并死亡，与此同时该病毒对人的致死率也达到了 50% 以上。同年 9 月，陈化兰团队研制成功重组禽流感病毒（H5/H7）二价灭活疫苗并广泛应用于家禽免疫工作，疫苗能够同时预防 H5 和 H7 禽流感，改变了当时一旦发生疫情就对成千上万的家禽予以捕杀的粗暴做法，同时也为防止人类接触和感染禽流感病毒设置了坚实的屏障。

陈化兰团队对禽流感病毒进行持续的跟踪研究和长期监测，2022 年 6 月 14 日 *Emerging Microbes & Infections* 发表了陈化兰团队的研究论文（Cui 等，2022），研究人员持续地对来自不同国家检测到的 233 种 H5N1 代表性病毒进行了基因分析，揭示出了 H5N1 病毒的整体演化图景并提出了病毒控制意见。其研究发现，H5N1 病毒的内部基因存在明显的多样性，在已经监测到和检测出的样本中，已经形成了 16 种不同的基因型；研究团队在部分新型 H5N1 病毒中还发现了对哺乳动物具有独立的氨基酸残基，这预示着新型 H5N1 病毒可能会感染哺乳动物并导致疾病，该研究为人类防御禽流感病毒提供了预警。

关于博士后出站以后放弃美国疾病控制中心的研究岗位并回国发展这一选择，陈化兰认为这是使命驱动的，能够为国家医疗事业的某一个领域做出贡献，对她而言是一件非常骄傲且有成就感的事。"我愿用我所学，投身于国家禽流感防控研究"，这是陈化兰在接受《中国妇女报》专访时所说的话。在一次采访过程中，记者问到科研之路上最大的动力来自哪里，陈化兰坚定地回答："最大的动力就是国家使命"，这也是她放弃美国高薪工作、毅然回国的最大原因。

陈化兰在一次专访中提到，"Make a difference"就是她一直钟爱科学的原因，它让科研工作者有力量去真正解决一些困难，而在这个过程中，无论男性还是女性，都有可能改变世界。正是这种使命感和责任感，驱使当前无数的科研工作者全身心投入到科学研究和创新工作中，为改变世界、造福人类贡献自己的力量。

2.3 工程技术领域的杰出女性工程师

2.3.1 仰望星空与脚踏实地：大兴机场的设计师扎哈·哈迪德

2019年9月，经过多次演练和试飞，北京大兴机场经过5年的开发建设终于向大众亮相。随着大兴机场投入使用，北京也成为世界上第一个坐拥两座国际机场交通枢纽的城市。大兴机场完工并对外开放之后，大众惊奇地发现整个机场"连一根柱子都没有"，《英国卫报》（*The Guardian*）甚至将大兴机场评为"新世界七大奇迹"之首。大兴机场的成功修建，必须要提到的一个关键人物就是它的设计师扎哈·哈迪德（Zaha Hadid）。

在北京大兴机场项目设计竞标过程中，有多家工程顾问公司或建筑事务所参与了设计方案竞标，如福特斯事务所提出了单元式航站设计，北京市建筑设计研究院、民航机场规划设计研究总院联合提出了东西二元式航站楼设计，法国巴黎机场工程公司（ADPI）提出了多边雪花航站楼设计，英国哈迪德事务所等五家公司联合提出了扭动蛇形航站楼设计，等等。2014年1月29日，为了达到最优效果，北京大兴机场建设领导小组最终决定以法国巴黎机场工程公司的设计方案为基础，且融合了多家设计公司方案的优点，邀请英国哈迪德事务所加入设计团队作进一步优化设计。北京大兴机场最终的凤凰展翅设计稿，以法国巴黎机场工程公司方案中的主体结构与运营机制为基础，在建筑造型上大量借鉴和融合了哈迪德经典的流动曲线设计，实现了视觉效果上的巨大提升。

在北京大兴机场的设计稿中，航站楼形如展翅的凤凰，机场在功能上的设计实现了以旅客为中心：整个航站楼有82个登机口，旅客从航站楼中心可以步行到达任何一个登机口,所需时间最长也不超过 8 分钟;机场内的 5 条轨道线路沿着机场的中轴贯穿于航站区;机场的地下东西两侧是城际铁路和高铁,中间还贯穿有机场专线和地铁,方便旅客换乘;机场内部运营采用双层出发车道的设计,四层航站楼分别是国际到达层、国内到达层、国内出发层、国际出发及国内托运行李层,地下一层的直梯可以直达第四层出发层。这些人性化的设计与它的设计者哈迪德密不可分。

哈迪德于 1950 年出生于伊拉克巴格达市的一个富足和开明的家庭,她的父亲曾任职伊拉克共和国财政部长,母亲出身于贵族家庭,一家人在巴格达的生活无比幸福。哈迪德从小就受到了良好的教育和艺术熏陶,其中对于建筑的启蒙是来自于她的母亲。幼年时期,哈迪德常常看见母亲会对家中的陈设进行调整和创新,这为她后期多变的建筑风格播下了种子。与此同时,兄长曾将建筑模型作为生日礼物送给了哈迪德,这使得她从小便对建筑萌发了特殊的情感。而当逐渐长大的哈迪德和父母一起周游世界的时候,世界各国美轮美奂的建筑让年幼的哈迪德感受到了建筑的独特魅力。于是,哈迪德从小就树立了成为建筑师的梦想。与此同时,全家人都对哈迪德的梦想表示认可和支持。然而,命运的转折令人猝不及防。随着伊拉克政变爆发,哈迪德的父亲被拘禁、财产被剥夺,原有的生活受到了巨大的冲击。然而这一切丝毫没有阻止哈迪德对梦想的追逐。

她海外求学的第一站是在黎巴嫩就读数学系。坚实的数学功底为她后期完成卓越的建筑设计奠定了重要基础。在后续的建筑设计稿中,大量几何图形和流畅曲线的运用有赖于其坚实的数学功底,令建筑同行望尘莫及。哈迪德于 1972 年进入伦敦的建筑联盟学院学习建筑学,并于 1977 年取得建筑学的学士学位。随后,哈迪德进入大都会建筑事务所工作,也是在那里,她遇到了影响她一生的导师——解构主义大师雷姆·库哈斯(Rem Koolhaas)。1980 年,哈迪德开始独立创业并在伦敦成立了自己的工作室。在当时的建筑领域,尤其是顶级建筑设计人才中,男性设计师独当一面,哈迪德无疑是一个另类的存在。她深知自己在建筑设计师中的角色定位,也明白自己肩负着开辟事业并为女性建筑设计师正名的责任。

在之后的建筑设计项目中,哈迪德开创性地大量使用高难度的设计元素和新颖的建筑理念,她的标新立异在当时的建筑界是绝无仅有的,甚至还一度受到了诸多建筑师的排斥和否定。即便如此,哈迪德各种优质的建筑设计作品不断向世人呈现,但因只存在于设计图纸之上,她本人也被冠上了"纸上设计师"的名号。然而,是金子总是会发光的,哈迪德的标新立异最终被日本建筑家矶崎新慧眼识珠,她的参赛作品在1982年的香港国际建筑竞赛中获得一等奖,这使得她在国际建筑界崭露头角。随后,那些出自哈迪德笔下曾经被认为不可能实现的建筑设计陆续成为现实。

1993年,哈迪德主导设计的位于莱茵河畔的维特拉消防救援站呈现在世人眼前,建筑主体采用了倾斜交错的混凝土平面并重塑了横穿而过的街道,最终形成了一个沿着街道延伸的狭长结构。消防救援站墙体表面看似非常平坦,但实际上经过了打孔、倾斜和折叠等处理来满足空气流通以及其他活动需求。这个建筑是哈迪德将其具有戏剧张力的概念图纸转变为功能性空间的最早尝试。也正是这个建筑,打破了外界对于哈迪德设计图纸实现度的各种流言和非议。紧随其后,哈迪德拿下了罗马当代艺术博物馆设计的竞标,并且在2004年斩获世界建筑领域最高奖项普利兹克奖,被冠以世界建筑界"曲线女王"的称号。

哈迪德的代表作品还有很多,例如米兰的哈迪德大厦、蒙比利埃摩天大厦、迪拜舞蹈大厦、伦敦奥运会水上运动中心、格拉斯哥河岸运输博物馆、广州歌剧院、北京银河SOHO建筑群、南京青奥中心、香港理工大学建筑楼等。

作为一名女性建筑设计师,哈迪德的设计绝非单纯传承解构主义,而是大胆运用空间和几何结构来反映出都市建筑的繁复交错。她生前提到,这样的建筑风格源于她对于祖国母亲的印象,在伊拉克出生和长大的她从小对当地生产的花样繁复的地毯有着浓厚的兴趣和深刻的印象。在建筑设计过程中,她尝试着用自己的方式将记忆中的地毯转化为现实中线条优美的建筑设计。

回顾哈迪德独特的建筑设计风格,不难发现这种风格的形成主要源于两个重要的因素。一是性格特质，她的刚毅和坚定让她对美好的建筑设计保持着不懈的追求；她的经历及其作为女性的特性，又让她的作品更加柔美和感性，这两种看似复杂而冲突的特点融入了同一个建筑设计中，使得作品更具有张力。二是设计思维和方法，她深受解构主义思想的影响，提倡对线条和块面的充分使用，并且勇于摒弃旧的设计理念、尝试融入新的结构方式进行创作，永不满足于当下、积极寻求新的突破。

2.3.2 让自己成为巨人：梁建英团队完成高铁"复兴号"设计

梁建英是我国和谐号动车组的设计主任、复兴号 CR400AF 动车组总设计师，也是高铁装备领域唯一一位女性总工程师。她带领上千人的高铁研发团队，不断攻克高速动车组的关键核心技术，将高速动车组的运营时速由 200 千米逐渐提升到了 350 千米。从 2019 年开始，梁建英又率领中国精英高铁研发团队继续投入到时速 600 千米的高速磁悬浮列车的技术攻关工作之中。

中国高速铁路的发展跌宕起伏，从无到有、从制造到创造，无不是基于高铁从业人员的辛勤工作和智慧积累。20 世纪 90 年代，我国已经提出了兴建高速铁路的计划，"磁浮派"和"轮轨派"之争是 1990—2014 年我国高速铁路技术发展历史中的典型标志。如何修建高铁、以怎样的方式修建标准化高铁等行业发展问题在这一阶段被反复研讨和不断摸索，形成的研讨成果为后期高铁技术的发展和进步奠定了扎实的理论基础。2004—2008 年，我国政府决定向国外先进的高铁企业引进高铁技术，为了避免出现"市场换技术"失败的情况，中国铁路相关部门要求每一位国际竞标者（包括日本川崎、德国西门子、加拿大庞巴迪和法国阿尔斯通）都需要接受中国的信号标准。通过这一阶段的技术引进，中国企业不断消化和吸收了国外时速 200～250 千米的高速铁路制造技术。2008 年至今，我国不断寻求高铁技术的突破，当时由于部分国际竞标者拒绝定制化其核心技术，进而逐渐退出了中国高铁的国际竞标项目。此时，梁建英深刻地认识到巨人的肩膀并不好站，能让中国高铁行业长期获益的途径其实是"让自己成为巨人"，而不是站在他人的肩膀上。梁建英和同事经过多次沟通，认为虽然产品可以引进，但是核心技术和核心创新能力是不能引进的，更不能在这一技术领域受到其他国家的牵制。为此，梁建英带领团队开始进行高铁关键核心技术的研究，大到车体架构、小到车内装饰设计，团队都会花费很长时间去发现问题、提出问题、论证问题和解决问题。

事实上，在高铁技术引进阶段，我国政府相关企业就开始部署自主研发高速铁路动车组。2006年，中车青岛四方机车车辆股份有限公司（以下简称中车四方）正式启动时速300千米的高速动车组研发项目，当时的项目总设计师就是34岁的梁建英。经过两年的不懈努力，梁建英团队终于在2007年12月完成了国内首列时速300～350千米的动车组设计并使其成功问世。这不仅使得我国高速铁路的速度得到大幅提升，也使我国高铁行业技术在世界高铁行业中站稳了脚跟。2008年底，国家开启了"226计划"用以解决高铁关键核心技术问题，建立了由国家核心高铁企业、25所大学、56个关键实验室和500家原始设备制造商组成的团队，其中约有500名研究员和1万名工程师。此时，中车四方决定研发CRH380A高速动车组，梁建英再次担任总设计师。在项目攻关期间，梁建英团队奔赴全国各地，在当时已经建成的京津、武广、郑西高速铁路进行了长达两年的试验，通过不断的仿真计算、地面试验和线路试验，2020年，CRH380A成功问世并且在京沪高铁的先导段中，以486.1千米的时速成功创造了当时世界铁路运行试验最高时速。

2013年，梁建英团队接到了"复兴号"动车组研发项目的任务。在这一研发任务中，梁建英致力于攀登国际高速列车技术的新高峰。在车头设计上，团队先后设计出了46个概念车头并不断进行比较选择，将其中的23个工业设计方案落实，再从中遴选出7个表现最优的车头。在此基础上，通过大量的仿真计算、地面试验和线路试验，最终选择出了性能最佳的动车组车头。在噪声控制方面，CRH380A动车组车厢内的噪声指标已经非常优异，而梁建英团队定下的"复兴号"列车目标是在此基础上噪声再降低3分贝以上。要在有限的空间和一定的重量约束条件下降低3分贝的噪声指标，这是极大的技术难题。梁建英团队在实验室进行了长达一年多的实验研究，对不同的材料和结构进行了海量的隔音实验。最终到"复兴号"问世时,动车组整车相较于CRH380A,阻力降低了12%、噪声降低了4～6分贝,其平稳性指标也达到了优级。2017年,"复兴号"正式投入运营,同年9月,高达350千米时速的京沪高铁使我国成为世界高铁运行时速最快的国家。

梁建英团队不仅在中国高铁自主研发上做出了突出的贡献,还为我国搭建起全球框架下的高铁创新体系贡献了力量。梁建英带领团队多次出国访问具有合作意向的研发团队。2014年,中德轨道交通技术联合研发中心正式开始筹建,随后逐渐建立起了中泰、中美、中英轨道交通技术联合研发中心。

创新的脚步不会停下。现阶段,梁建英团队已全力投入到了时速600千米的高速磁悬浮列车的技术攻关项目中。创新无限,未来可期。

2.3.3 最美奋斗者:龚双瑾团队为"携号转网"惠民政策贡献力量

龚双瑾是我国通信科技领域的教授级高级工程师,现任中国信息通信研究院科技委副主任。龚双瑾于1959年参加工作,长期从事网络交换、智能网、网间互联互通等方面的技术规范研究,参与了大量关于智能网、电信网技术政策、网间互联互通等系列标准和规范的制定。龚双瑾在职业生涯中见证了我国通信行业的巨变,亲身经历了我国通信事业从无到有、从弱变强的过程。

龚双瑾曾经长期担任工信部互联互通标准工作组主席。互联互通是指在不同企业和不同制式通信网络间实现正常通信。其背后需要的是综合的、系统的技术标准、沟通和协调方案及监管政策的落实。龚双瑾团队通过搭建信息通信标准化平台建立了不同企业之间的交流机制,并针对网络的互联互通开展了技术标准研究,编制了大量专业标准体系。在互联互通标准工作组,龚双瑾主持制定国家标准十余项、行业标准百余项、撰写研究报告五十余项,涉及携号转网、互联网、网络互通、号码传送等诸多领域,为我国网络互联互通谋篇布局并构建了一系列各大运营商都公认的电信业互联互通标准规范,对支持国家监管部门的工作起到了非常重要的作用。

携号转网一直是近几年通信领域的热点话题。"携号转网"是指一家电信运营商中的用户，在无须改变自己手机号码的情况下，就能顺利转为另一家电信运营商的用户并享受其提供的各种服务。这种运营商改变但号码不变的技术，成功解除了手机号和运营商之间的绑定，能够有效促进电信运营商之间的竞争，使用户降低了沉没成本并在后续的服务选择过程中拥有了更多的自主权和议价权。在 2011 年 6 月召开的"号码携带国际高峰论坛"上，龚双瑾向世界介绍了我国当前在天津和海南实施的号码携带政策试验，她汇总了大量现场试验所出现的问题并对试验效果进行评估，进一步完善了天津和海南两地的号码携带政策、业务受理流程和管理办法。龚双瑾指出，号码携带业务不仅方便了人民生活，为人口流动和沟通起到了促进作用，同时还能够促进电信行业的自由竞争，有效避免运营商相互设限和垄断。

2019 年国务院《政府工作报告》明确指出，需要在全国实行携号转网。携号转网技术看似简单，事实上其背后蕴含着大量的技术原理。其中最核心的是对于手机号码的处理。在以往不进行携号转网的情况下，11 位的手机号码就可以明确分析出其运营商和号码归属地。为了实现携号转网，龚双瑾团队对当前已经广泛使用的发端查询的直接路由技术进行了改进，采用基于位置更新的号码携带方案。而携号转网工作得以推进，正是依靠龚双瑾团队多年的不懈努力和付出。在我国这种电信用户众多、网络制式多样的通信网络中，携号转网是一项复杂的巨型系统工程。当时的龚双瑾以近 80 岁的高龄，仍然辗转在各地，深入一线调研技术细节并不断在现场调整试验方案，及时解决现场试验出现的各种问题。在她领导的各项大型现场网络试验中，从未发生过一起影响通信网络正常运行的事故，所有现场试验都取得了预期的成果，为我国通信网络发展积累了大量的技术管理经验。与此同时，龚双瑾还非常关注用户对于携号转网的实际体验。她经常浏览各类用户的反馈、函件和网络舆情，及时发现并解决了大量无法进行携号转网的问题，并推动全国各地优化携号转网业务办理的流程，细化具体的管理规范，极大地提升了业务办理的效率和质量，充分惠及了人民生活。

2019 年，龚双瑾荣获国家"最美奋斗者"称号，展示了老一辈科研工作者艰苦朴素和事必躬亲的优良作风，同时也体现了女性工程师一生投身事业、对事业负责的态度和追求。

2.3.4 精益求精是她的品格：孙晨华团队亲历中国卫星通信发展历程

孙晨华，中国电子科技集团有限公司卫星通信领域的首席专家，研究员级高级工程师。她亲身经历了我国卫星通信多年的发展历程，见证了我国卫星通信系统由依赖技术引进向中国制造和中国创造的技术进步，也为卫星通信技术和相关产业发展做出了突出的贡献。

1986年，孙晨华从西安交通大学毕业进入到中国电子科技集团公司第五十四研究所工作，并快速承担了我国第一个舰岸CDMA[①]卫星通信系统和第一个战术移动舰岸卫星通信系统任务。2000年，孙晨华偶然在提供发展建议时发现了MF-TDMA[②]体制系统，她认为这个体制系统非常适合宽带IP组网，能够实现占用资源少且容纳用户多。从此以后，她便全身心投入到MF-TDMA体制系统的研发中。她利用当时集成项目引进国外MF-TDMA体制系统和相关技术的机会，深入一线配置观察，以便加深对该体制系统的理解和对细节的掌握。在全面了解技术体系和技术细节之后，孙晨华决定自主研发MF-TDMA体制系统。随后，她走访了100多家单位，撰写并修改了100多次相关报告，最终完成了该项目的立项工作。但由于该项目所涉及的系统组网复杂，对处理速度和带宽的要求非常高，加上之前的技术基础十分薄弱，她便带领团队以软硬件平台作为切入点，进行了专项攻关和相关设备的研制工作。在此领域深耕的十余年中，其带领的团队成功研发了20余项关键核心技术，研制出了一系列基于MF-TDMA体制系统的高新技术产品，其中多项技术处于国际领先地位并在业内得到广泛应用。

孙晨华还主持了"十五"至"十三五"期间国防宽带卫星应用运控系统预

---

① CDMA（Code Division Multiple Access），码分多址，是在无线通信上使用的技术。
② MF-TDMA（Multi Frequency Time Division Multiple Access），即多频时分多址。

研和研制项目。在项目研制过程中,她提出了能够解决多种速率范围跨度大的组网解决方案,突破了大量相关的关键技术屏障;在项目落地后的 5 年间,成功为企业创造收益 70 亿元。随后,她担任"天通一号"运控系统总工程师,主要负责申报"十三五"卫星移动通信预研工作,其间她创建了我国第一个卫星移动通信运控体系,保障了系统能够为 30 万用户提供运营级别的通信服务。

从 2014 年开始,孙晨华服从国家安排,投身到天地一体化信息网络重大项目的论证工作中,主要负责论证低轨接入网和地基节点网。通过不断深入了解国内外相关领域的发展情况,与国内多个研究院所进行交流和沟通,孙晨华创造性地提出了具有宽窄结合、功能综合、星间互联、全球无缝服务等技术功能特色的低轨接入网方案。另外,为了控制方案介入的风险,她还策划并主持了天地一体和新建组网的技术体制,为低轨接入网提供了相应的技术支持。

在很多关于孙晨华的报道和采访中,经常会有同事提到孙晨华对于事业的投入和奉献,真正把工作当作事业和兴趣。"精益求精是她的品格",孙晨华不仅见证和代表了我国卫星通信发展的一个时代,也彰显了我国女性工程师在专业技术领域的不懈努力和突出成就。

2.4　发明应用领域的杰出女性发明家

据中国日报网的数据,发明应用领域的女性发明家较少,从 1790 年至 1984 年,只有 1.5% 的发明专利出自女性。这意味着在发明应用领域,女性的智慧并没有得到充分的激发和利用。一旦能够充分发挥女性的智慧潜力,将会显著地影响人类的生活和文明的进步。事实上,历史上也出现过一些杰出的女性发明家,她们的发明创造极大地推动了社会的发展。

2.4.1 纺织革新家：创新织造技术的开山鼻祖黄道婆

黄道婆生于南宋淳祐五年（1245），在青年时期随黄浦江海船逃到海南岛崖州，向黎族人学习纺织技术，随后回到松江，专门从事纺织并教授当地的妇女使用棉纺织技术。其间，她发明了一套擀、弹、纺、织工具，显著提升了纺纱效率。在制造技术方面，她综合使用了错纱、配色、综线、挈花工艺技术并织制出有名的乌泥泾被。其所在的松江府，成为当时著名的纺织业中心。

黄道婆生活的时代，正是我国棉纺织业发展的时代。从国际横向对比来看，我国的棉纺织业出现比较晚，在此之前丝和麻是我国居民的主要衣着材料。殷商时期，我们的祖先就已经掌握了比较成熟的丝织技术；汉代以后，丝织技术更加成熟。但由于棉花原产地并不在中国，而是在非洲和南亚次大陆，导致我国棉纺织技术发展较晚。非本地产的棉花经过西亚和东南亚等不同的途径传入我国内地，直到宋代，我国长江流域的棉花种植已经达到一定规模。由于棉制品御寒效果好、肤感舒适、成本低廉，因而棉花取代蚕丝和麻料成为主要衣着原料是历史的必然趋势。自从棉花传入我国以后，受到广泛喜爱。但是由于当时棉花加工技术较为落后，居民对于棉花处理的各个工序也不是很了解，这一情况严重阻碍了棉纺织业的发展和普及。因而，对棉花加工工具、纺织技术进行改革和突破成为迫切需求。而黄道婆恰恰生活在这样的时代，她是适应了时代要求而涌现出的技术发明家与社会革新家代表。

当时，黄道婆因生活所迫，踏上了离家之路，随船来到了海南岛南部的崖州，也就是现在的海南省崖城镇。在崖州，黄道婆接触到了当地少数民族黎族。当地居民非常同情黄道婆的遭遇并给予她生活上诸多帮助和照料，这使得黄道婆很快安顿下来并融入了当地生活。当时的海南岛，是广东和广西地区棉纺织业的中心，尤其是在崖州，棉纺织业和棉纺织技术相当发达，黎族妇女大都是以棉纺织为业。在黄道婆定居崖州生活的几十年中，当地居民毫无保留地将先进的棉纺织技术传授给她，他们结下了深厚的友谊。元贞年间（1295—

1297），黄道婆回到家乡并向家乡的父老乡亲分享和传授自己学到的先进棉纺织技术。黄道婆在革新棉纺织技术上的主要贡献，是她在崖州棉纺织技术的基础之上，根据松江地区棉纺织业的发展适应性地提出了一整套完整的棉纺织技术新工艺，对棉纺织过程中的擀、弹、纺、织等各个工序环节都进行了改进和革新。

其中，"擀"主要是为了去除棉花中的棉籽，这是棉纺织工艺中的第一步。以往的棉纺织技术中，从棉花中去除棉籽非常困难，因为棉籽生长于棉桃的内部、数量多且体积小，将其完全脱去需要耗费大量的时间。当时，人们都是徒手从棉桃中将棉籽剥去或者通过棍棒将棉籽挤出。这些方式的脱籽效率非常低，大量的原材料都被积压在了去除棉籽这道工序中。黄道婆在海南接触到了踏车这一工具，并将其改进为一种轧车，用来专门轧棉籽。这一工具的使用不仅节约了劳动者的大量时间和精力，而且大大提升了棉花纺织工艺的效率。中国轧车的出现，比美国的轧棉机早了约 5 个世纪。

"弹"是指将去掉棉籽的棉花变得松软。通常的做法是用一尺多长的小竹弓来弹松棉花，这种工具由于弹力较小，导致效率较低。而黄道婆将这种一尺多长的小竹弓改造成了四尺长的大竹弓，并使用绳弦和锤子来实现击弦弹棉。这一工具使得弹棉的速度加快、弹出的棉花更加细致松软，为后续的纺织和制造工艺的提升提供了原材料条件。

"纺"是指纺纱，当时松江地区普遍使用的是一种旧式的单锭手摇纺车，这种手摇纺车的原动轮较大、纺锭的转速较快，单个劳动者常常会因牵伸不及时而使得棉纱崩断。黄道婆对这一传统的手摇纺车进行了改进，将纺锭数量增加到三枚、手摇改为脚踏，并且适当缩小原动轮的轮径，从而降低了纺锭转速并解决了棉纱崩断的问题。三锭脚踏纺车是我国纺织技术历史上的伟大发明，它比欧洲类似的纺车早了几个世纪，是当时世界上最先进的纺纱机械工具。

"织"是指织布。黄道婆将江南地区先进的丝麻制作技术运用到棉织技术中，结合黎族同胞的棉织技术，总结出一套"错纱配色，综线挈花"的棉织技术工艺。利用这一套工艺，黄道婆和松江家乡妇女在棉制品上织出了各种纹饰。随后，松江一带也逐渐成为全国棉纺织行业的中心。

黄道婆是中国历史上少见的女性发明家，她不断学习新的棉纺织技术并传播给当地的普通百姓，不仅惠及了当地人民的生活、推动了棉纺织行业的发展，也展示出我国古代女性发明家突破窠臼、立足自身劳动经验实现技术革新的风采。

2.4.2 给世界带来光亮：王菊珍

王菊珍是上海灯泡厂的女性高级工程师。她在1952年毕业后被分配到了上海灯泡厂工作，从事钨丝试制工作。1953年9月，她所在的工作小组试制成功我国第一根钨丝，这对王菊珍的内心产生了极大的触动，激发了她的职业荣誉感。王菊珍在大学学习的专业是企业管理，这与她当时从事的工作并不对口，于是她决定从头学起，经过不懈努力，她获得了化工专业文凭。在学习理论知识的同时，她还不断地将理论和实践相结合：1964年，她研制成功的供金属陶瓷封接用的超细钼粉被科学技术委员会评为科学技术研究成果。

作为一名女性，王菊珍细腻而温暖。她在车间跟班劳动的过程中，发现很多制造钨钍电极的工人都面色青黄、容易疲惫且体检报告显示白细胞偏低。她立即提出这一电极材料会对劳动者造成放射性危害。经过对工人的身体抽样检查，将近1/5的工人体内都检查出了放射性物质超标的情况。并且，在后期采用进口电极材料后，这种情况也没有好转。王菊珍决心要研制出一种不具有放射性且电子放射性能良好的新材料来代替原有的钨钍电极。王菊珍查阅大量的文献后，发现了"铈"这种非放射性元素极有可能是新型电极材料。于是，上海灯泡厂成立了专门研制小组，并在王菊珍的带领之下经过长达4年的大量实验，成功研制出氧化铈含量为2%~3%的钨铈新材料，成品率达80%以上。

1981年6月，王菊珍进一步研制成功工艺和技术难度要求更高、氧化铈含量为4%的钨铈电极，这也是当时国际上钨铈电极含量最高的产品。从此以后，我国的钨铈电极产品开始逐步打入国际市场，不仅解决了电极材料的放射性污染问题，还为国家创造了大量外汇，促进了经济发展。1986年，王菊珍访问美国，向国外的专家介绍先进的非放射性高电子发射功能电极，该产品逐渐被国外市场广泛接受并出口到美国、英国、日本、澳大利亚以及东南亚等地区。

王菊珍一生致力于钨铈电极的技术发明和技术改进，而这一切的初衷则源自对劳动人民身体的真切关心。女性细腻而温暖的性格特点，使她们更能够关注到那些常常被忽视的具有职业危害的产品。钨铈电极是一种由关爱驱动的技术发明和创造，这项发明不仅能够带来巨大的经济效益，还能够真正提升人们的生活质量和福祉水平。

2.4.3 贵妇与厨房事务的缘分：约瑟芬·科克伦

当我们在感叹厨房洗碗机为生活带来的便捷时，可能并不了解洗碗机的发明者是一位贵妇，而她发明洗碗机的初衷并不是为了方便洗碗，而是为了保护餐具。

约瑟芬·科克伦（Josephine Cochrane）是一位贵妇，她非常珍爱自己的瓷器，并要求佣人小心清洗、以免损坏。在一次重要的家宴中，科克伦使用了名贵的瓷器来盛放食品，但是在使用和清洗以后，大量的瓷器都受到不同程度的磨损。于是，科克伦开始探索如何改进清洗瓷器的方式。她将金属丝固定成框架并将这些框架安装在一个转轮中，然后将这个转轮整体放置在热水箱中，通过手柄与转轮的连接来控制转轮。清洗过程中，清洗工人只需要转动手柄，就能使全部碗碟在热水中转动。这便是世界上第一台洗碗机的雏形。

随后，她决定发明一种自动洗碗机，于是在家中的木棚中建造了10个简易的装置，使得清洗工人在摇动手柄时水箱里的水泵能够自动喷出热水并且喷洒在同时转动的碗碟上，通过高温流水的不断冲洗将碗碟洗净。在1893年的世界博览会上，科克伦向世界展示了她的发明。从当时的技术来看，这一发明虽然没有完全解放劳动力，但能极大地减少当时瓷器餐具的损耗，有利于保护那些珍贵的瓷器。这项发明在展出以后，得到了来自美国大量宾馆和酒店的订货，科克伦为此还专门注册了专利。

如今，洗碗机的技术不断改进和革新，功能全面和性能强大的洗碗机逐渐进入越来越多的家庭，节省了居民用于家务的时间，使居民极大地享受到技术所带来的便捷和对家庭生活的改善。洗碗机的发明展现了女性发明家在家用器具这一领域独特的优势。在社会分工的过程中，女性无可避免地接触到更多家务劳动，她们对于家用电器有更多的使用经验，并且能够在从事家务劳动的过程中充分识别和挖掘出尚未被满足的需求。一旦市场上缺乏此类产品，女性将更有可能发明和创造出弥补此类市场空缺的家用电器。

2.5 基础科学研究与工程技术应用中的女性人才成长规律

女性在基础科学研究、工程技术研究和发明应用等领域扮演着重要的角色，但社会对女性潜能、才干和贡献的认识仍然不充分，女性仍然在教育和职业生涯发展过程中面临重重阻碍。习近平总书记指出，"综合国力竞争说到底是人才竞争"。要充分发挥女性人才的潜在能力，就要为女性人才成长提供职业生涯机会，为女性在职场中施展才华和发挥作用创造政策条件。如今，对于女性成长路径的探索依然有重要的社会价值和意义，在一定程度上能够为人才发展体制机制改革，尤其是女性人才的培养和发展提供参考。

2.5.1 女性人才成长的场域条件

女性人才成长路径不仅与微观个人要素有关，还与周围的社会文化环境显著相关，因而需要重视女性人才成长中与性别相关的社会特征和力量，还需要塑造平衡、平等、全面发展的社会氛围，并努力构建和谐包容的社会文化，消除对女性人才在科技领域中的刻板印象，打破有碍于女性人才成长和发展的落后观念和制度障碍。

需要明确的是，人才的成长和发展一定有规律可循。人才是在一定的社会历史条件之下，在内外部环境的相互作用之中所逐渐培养出来的。人才成长和发展过程所表现出的一般特征即可总结为人才成长路径。对于女性人才而言，由于她们在受教育阶段和职业生涯发展过程中显著受到外在刻板印象和社会建构互相作用的影响，其成长和发展路径更加依赖于其所处的场域。从代表性的女性人才成长和发展案例中可以发现，不同场域会为女性人才的成长提供不同的条件，通常呈现出以下规律：

在家庭场域中，如果女性人才的父母（尤其是母亲）接受过较高水平的教育或从事过科学研究、教育研究工作，或对不同的事物具有包容度、能够接纳多元化和差异化，那么女性人才更易于在青少年时期树立独立自主的人格、获得情感支持，在受教育过程中享受更加宽松的成长环境。这有利于女性人才塑造更加坚韧的品格，正确对待和解决职业生涯发展过程中的刻板印象或短暂阻碍，坚持不懈、持续扎根在所选择的领域中。

在教育场域中，良好的教育连贯性（尤其是硕博贯通式培养）有利于女性人才在入职前的成长与发展；一旦其教育过程发生中断，女性往往就很难再次进入教育和科研领域。另外，校内优秀、包容的导师所给予的支持和提供的优良科研环境为女性人才在职业生涯发展前期奠定了重要的基础。这些具有连贯教育经历、获得导师支持并沉浸在良好科研环境和氛围中的女性人才，通常不会在职业生涯发展前期就退出基础科学研究或工程技术应用领域，管漏现象在这一时期并不显著。

在企业场域中，企业为支持女性人才发展所投入的资金（例如专项培训资金、研究经费扶持政策等）能够为女性人才在入职之后快速获得晋升提供一定的条件。与此同时，如果企业业务发展涉及教育、环保、医疗等有显著社会价值的领域，将更容易激发女性对工作的投入和付出，而在这一过程中女性人才的能力和经验也随之积累。

在社会场域中，优越的地域文化浸润也是女性人才成长和发展的沃土。不同的地域文化会对人的心理和实践产生潜移默化的影响。通常情况下，如果地域文化具有多文化融合性、兼容性、独立性等特点，并在历史发展过程中积极吸收科学文化和民主思想，则凸显出两性平等的性别意识、求新求变和与时俱进的创新精神。在这样的社会文化氛围中成长起来的女性人才，通常具有强烈的自信心和进取心、大胆勇敢的献身精神、坚韧不拔的意志和毅力、强烈的自主性和自律性以及高远的志向。这些文化特征都深深烙印在女性人才成长的基因中，并为其后续的职业生涯发展不断输出内在动力。

2.5.2 女性人才发展的制度沃土

女性人才发展的制度沃土，是女性人才实现成长和发展的主要途径和基础。具体到技术创新情景中的女性人才，需要进行深厉浅揭地具化和发展，包括参与自由、经济条件、社会机会、透明性保证以及防护性保障五种制度类型：

1. 女性人才的参与自由

在技术创新领域，参与自由指的是进入科学学科领域、职业领域、组织部门的自由。技术创新职业的参与自由，是女性人才发挥创新能力的前提条件，如果存在职业进入壁垒、招聘歧视和管漏现象，则会让女性人才"巾帼无用武之地"。衡量女性人才的参与自由，可以选用国外已经推行的不同性别劳动力统计指标，例如按性别及职业划分的就业人数、按性别及机构部门的就业人数、女性占中高层管理者的比例、按性别和学科划分的高等教育入学人数等。但在我国相关统计部门的诸多统计工作中，性别选项并没有单列为统计分项，缺乏公开数据库资源。

2. 女性人才的经济条件

它指的是女性人才所享有的经济权益，包括技术研发的直接经济收入（例如工资、技术研发绩效奖励、专利收入、技术入股收益）、社会创新成果的间接经济收入（例如新市场的开拓、市场占有率与利润的提高、市场地位的提升等带来的收入增加）。除总量之外，经济分配也十分重要，新增收入的分配方式（分配时间、分配比例、发放方式等）将对女性人才的经济条件产生重要影响。是否拥有良好经济条件，对女性人才发展有重要影响。财富状态还会影响刻板印象和性别排斥，弱化性别所带来的负面认知效果。可以衡量女性人才经济条件的操作性指标包括女性人才的工资收入、性别工资差距、个人财富的累积量等。目前，全球范围内的世界经济论坛、中国范围内的BOSS直聘曾经发布过性别工资差距的调查报告。

3. 女性人才的社会机会

其主旨在于女性拥有平等机会去开展与技术创新相关的功能性活动，例如接受继续教育与培训、发表创意、启动创新项目、参与技术研发课题、取得研发支持、应聘科技公司、组建创新团队、获得风险投资、获得银行贷款、创办技术创新企业等。女性人才必须获得同等参与技术创新活动的机会。女性人才的社会机会，是女性人才"参与自由"基础上的再发展，是进入职业、学科和部门之后的具体活动的平等机会。如前述的管漏现象、性别鸿沟、身份合法性不足和社会网络的同质性等都有可能导致"社会机会"不平等。目前有很多措施被用于解决社会筛选过程中的不平等问题，例如"盲选方式"。在美国的交响乐员工招聘过程中，如果采用拉上幕布的盲选方式，女性在决赛过程中的相对成功率提升了28.1%（Goldin和Rouse，2000）。社会机会本质上是资源获得机会，女性人才如果在技术创新活动中没有资源支撑，也只能是巧妇难为无米之炊。衡量女性人才的社会机会的操作性指标包括女性科学家获得基金课题的数量、女性技术研究员申报专利数量、女性创业者获得银行贷款数量、女性创办企业的数量和注册资本量等。

4. 女性人才的透明性保证

"透明性保证"首先要满足公开性的需要，要在信息公开和条件明晰的条件下执行。在技术创新职业领域，尤其是技术研发中，研发活动的基础是创新者的能力和创意，这也是创新者对投资者担保。而创新者的创新能力具有隐性特征，常常表现为难以言喻的技能、经验、直觉和窍门等。这种隐藏属性，一方面为事前机会主义者提供了"劣币驱逐良币"的机会，另一方面让女性人才难以用公开透明的物化证据来证实自己的能力。目前，能够作为女性人才的透明性保证的往往是过去所取得的成就，例如所在企业绩效、个人职位、履历、教育背景、能力资格证书、论文发表数量、专利数量。如果存在评价偏倚，这些指标同样也会让女性人才事倍功半，形成"能力评价偏倚→参与和机会丧失→劳动分工的性别隔离→能力训练不足→能力评价再偏倚"的恶性循环。女性人才的透明性保证，既是证明自我能力的重要手段，也是获得参与自由和平等社会机会的基础条件。只有存在一套客观的、公开的保证体系和评价体系，女性人才的创新能力才能够得到准确认知和证实，而不是捕风捉影，让任何由社会认知导致的评价偏倚乘间抵隙。作为女性人才透明性保证的工具可以是官方教育证明、能力资格证书、个人简历的专业鉴定与公证、科学的论文与专利质量评价、独立鉴定体系和外审体系，从而确保能力评价偏倚尽可能低。

5. 女性人才的防护性保障

防护性保障能够提供社会安全保障，防止弱势群体受到多重伤害，主要是指制度性社会保障，例如救济和补助。在技术创新过程中，很多女性创业者基于其创新成果创办了企业，但是面临大量的融资难题，如投资者、银行对女性创业者常表现出不信任，导致不投资、降低投资额度、拖延投资时间、提高分红比例等现象的出现。女性人才在技术创新过程中的防护性保障，除国家常规社会保障制度之外，还应该有女性人才的资金支持保障（例如有专门的女性科学家基金、女性企业家基金）、女性人才之间的互助基金、女性配额制度和针对任何形式非公正待遇的信访通道。另外，家庭对女性具有重要的意义，因而家庭资源、婚姻、家族网络等也应纳入防护性保障范畴。女性人才的防护性保障，是其获得物质支持和心理鼓励的一道有力防线，也是承担失败后的"兜底"和"退路"。可以衡量防护性保障的指标包括社会保障支出占GDP的比重、针对女性的基金与互助组织的数量与活跃度、女性配额数值变化以及妇女权益保障法、劳动法等相关法律。

本节提出了女性人才发展的五种制度条件，并列举了相应的操作性指标。然而，当前国内的官方统计年鉴数据相对缺乏，在公开数据库中很少有分性别的数据统计结果。尤其是在行业层面和企业层面，缺乏进行性别比例的调查和统计。例如，在技术创新质量测度中，就无法在公开数据库中查阅到专利发明人性别；公开的医疗信息数据库也不提供病例的性别信息。数据资源是进行科学定量测度的基础资料，数据缺乏会大大限制研究的科学性和质量，也迫使研究者放弃该领域的持续性研究。目前，国内较为权威的数据资源有全国妇联和国家统计局联合组织实施的中国妇女社会地位调查、全国妇联妇女研究所编写的《中国妇女研究年鉴》、2015年浙江大学利用互联网平台发布的《国内学术机构性别问题调查问卷》。然而，非官方调查的研究范围、质量、持续性具有先天劣势，在获取非公开数据方面也面临阻碍。因此，各类性别分类的操作性指标的数据收集和发布工作是未来的工作重点和研究基础。

参考文献

BBC NEWS. 历史上几位推动社会进步的女发明家和女科学家 [EB/OL]. (2017-09-47) [2023-12-11]. www.bbc.com/zhongwen/simp/world-41271328.

BioArt 生物艺术. 两篇 Nature 长文｜胡海岚团队抑郁症研究的重大突破：仇子龙特评 [EB/OL]. (2019-01-01) [2023-12-11]. https://zhuanlan.zhihu.com/p/65167277.

Britannica. Marie Curie[EB/OL]. [2023-12-11]. www.britannica.com/biography/Marie-Curie.

CASSELL J, SULLIVAN J, PREVOST S, et al. Embodied Conversational Agents[M]. Cambridge：MIT Press, 2000.

CUI P, SHI J, WANG C, et al.2022. Global dissemination of H5N1 influenza viruses bearing the clade 2.3. 4.4 b HA gene and biologic analysis of the ones detected in China[J]. Emerging Microbes & Infections, 11(1)：1693-1704.

GOLDIN C, ROUSE C.2000.Orchestrating impartiality：the impact of "blind" auditions on female musicians[J]. American Economic Review, 90(04)：715-741.

HACKETT G, BETZ N E.1989. An exploration of the mathematics self-efficacy/mathematics performance correspondence[J]. Journal for Research in Mathematics Education, 20(3)：261-273.

HINES D A, SAUDINO K J. 2003.Gender differences in psychological, physical, and sexual aggression among college students using the revised conflict tactics scales[J]. Violence and Victims, 18(2)：197-217.

LYNCH P. 聚焦：建筑系"女魔头"扎哈·哈迪德 [EB/OL]. （2019-10-31）[2023-12-11]. https://www.archdaily.cn/cn/798527/ju-jiao-jian-zhu-xi-nu-mo-tou-zha-ha-star-ha-di-de.

OFLYNN J. 2020. Confronting the big challenges of our time：making a difference during and after COVID-19[J]. Public Management Review, (23)：961-980.

PINTOS P. 北京大兴国际机场 | 扎哈·哈迪德建筑事务所 [EB/OL]. (2019-09-29) [2024-01-16]. https://www.archdaily.cn/cn/925569/bei-jing-da-xing-guo-ji-ji-chang-zha-ha-star-ha-di-de-jian-zhu-shi-wu-suo.

SME 情报员. 实验室外的居里夫人，奔赴战场建立放射科，拯救了上百万人的生命 [EB/OL]. （2018-02-21）[2023-12-11]. https://zhuanlan.zhihu.com/p/33910698/?utm_id=0.

United Nations Educational, Scientific and Cultural Organization.2011.Science, technology and gender：an international report[EB/OL]. （011-10-07） 2023-06-05]. http://uis.unesco.org/sites/default/files/documents/science-technology-and-gender-an-international-report-executive-summary-en_0.pdf.

WERNICKE C. 1970.The aphasic symptom-complex：a psychological study on an anatomical basis[J]. JAMA Neurology, 22(3)：280-282.

World Health Organization.2020.Gender and COVID-19[EB/OL]. （2020-05-14）[2023-06-05]. https://apps.who.int/iris/bitstream/handle/10665/332080/WHO-2019-nCoV-Advocacy_brief-Gender-2020.1-eng.pdf.

艾问人物. 艾诚专访人工智能女王卡塞尔：人类还能主宰世界吗 [EB/OL]. （2018-05-14）[2023-12-11]. https://baijiahao.baidu.com/s?id=1600405996065049570&wfr=spider&for=pc.

爱迪生思维. 改变世界的女发明家 [EB/OL]. （2018-10-18）[2023-12-11]. https://www.sohu.com/a/260325468_99930474.

陈安，周丹. 居里夫人不为国人所熟知的另一面 [J/OL]. （2020-08-27）[2023-12-11]. https://www.cdstm.cn/gallery/media/mkjx/kxhb/202008/t20200827_1033260.html.

促织网. 黄道婆在棉纺织工艺上的贡献：擀、弹、纺、织 [EB/OL]. （2014-07-11）[2023-12-11]. http://www.cuzhiwang.com/forum.php?mod=viewthread&tid=1055&highlight=%E9%BB%84%E9%81%93%E5%A9%86.

党建网. 坚守科技报国初心 绘制卫星通讯蓝图：记河北省党的二十大代表孙晨华 [EB/OL]. （2022-10-12）[2023-12-11]. https://baijiahao.baidu.com/s?id=17464540906190101568&wfr=spider&for=pc.

督导君.1300 年：宋朝及以前棉纺织业由手工到机械化的精益进程 [EB/OL]. （2021-11-21）

[2023-12-11]. https://zhuanlan.zhihu.com/p/435834705?utm_id=0.

光电科技君.高铁女神梁建英：一次晕车体验造就"复兴号"，不驰于空想，不懈于奋斗 [EB/OL].（2022-08-11）[2023-12-11]. https://zhuanlan.zhihu.com/p/552337080.

光明日报.以科技创新实现全球通联之梦 [EB/OL].（2022-10-26）[2023-12-11]. https://baijiahao.baidu.com/s?id=1747678491604565550&wfr=spider&for=pc.

光明网.居里夫人的故事｜纪念玛丽·居里 [EB/OL].(2020-11-06)[2023-12-11]. https://m.gmw.cn/baijia/2020-11/06/1301770897.html.

国家自然科学基金委员会科学传播与成果转化中心.中国科学家张弥曼获颁"世界杰出女科学家奖 [EB/OL].（2018-03-26）[2023-12-11]. https://www.nsfc.gov.cn/csc/20340/20289/24103/index.html.

海南日报.黄道婆传艺与创新：衣被天下躯躬暖 [EB/OL].（2022-03-04）[2023-12-11]. http://www.hi.chinanews.com.cn/travel/content/2022-03-04/27666.html.

花边科学.专访中国女神级科学家：2022世界杰出女科学家成就奖获得者胡海岚 [EB/OL].（2022-06-26）[2023-12-11]. https://zhuanlan.zhihu.com/p/532889835?utm_id=0.

建道筑格 ArchiDogs.建筑"女魔头"扎哈：用建筑打破秩序，飞出平面！[EB/OL].（2023-03-25）[2023-12-11]. https://zhuanlan.zhihu.com/p/616901482.

建筑匠新.建筑"女魔头"扎哈·哈迪德的13个著名建筑欣赏 [EB/OL].（2019-10-18）[2023-12-11]. https://zhuanlan.zhihu.com/p/87369956.

界面新闻.她·"疫"中人｜"流感侦探"陈化兰 [EB/OL].（2020-03-09）[2023-12-11]. https://baijiahao.baidu.com/s?id=1660650336707245221&wfr=spider&for=pc.

居里.居里夫人自传 [M].陈筱卿，译.南京：译林出版社，2017.

卡塞尔.担心机器取代人？这位女科学家却说：要相信人类！[EB/OL].（2019-07-26）[2023-12-11]. https://baijiahao.baidu.com/s?id=1640011909219362248&wfr=spider&for=pc.

堪羡驰骋好身手 却怜风雨犹春寒 女发明家王菊珍坎坷中立大功 [N]. 人民日报，1998-03-06.

科协之声.【致敬】陈化兰：对决禽流感，一直在路上 [EB/OL].（2018-01-22）[2023-12-11]. https://www.163.com/dy/article/D8OE502J0514A0JE.html.

马翔宇.温暖与时尚：明清江南棉布织染业与工业革命前英国的比较 [EB/OL].(2023-07-28) [2023-12-11]. https://m.thepaper.cn/newsDetail_forward_23998077.

澎湃新闻.82岁网红女科学家张弥曼：请给女性更多的机会 [EB/OL].（2018-03-26）[2023-12-11]. https://m.thepaper.cn/newsDetail_forward_2043172.

澎湃新闻.厨房里的"新晋贵族"洗碗机,其实已经有170多年的历史了[EB/OL].(2022-03-09)[2023-12-11]. https://m.thepaper.cn/baijiahao_17032250.

澎湃新闻.二十大代表风采丨孙晨华:为实现中国卫星通信"全球通联"而努力[EB/OL].(2022-10-02)[2023-12-11]. https://m.thepaper.cn/baijiahao_20161641.

澎湃新闻.揭开抑郁症的秘密,胡海岚获"世界杰出女科学家成就奖"[EB/OL].(2022-06-24)[2023-12-11]. https://baijiahao.baidu.com/s?id=1736522566404074499&wfr=spider&for=pc.

澎湃新闻.科研背后丨复兴号设计团队:中国的速度[EB/OL].(2020-06-24)[2023-12-11]. https://www.thepaper.cn/newsDetail_forward_7974988?ivk_sa=1023197a.

澎湃新闻.齐鲁女性杰出人物丨梁建英:让"中国速度"享誉世界的高速列车总工程师[EB/OL].(2023-03-11)[2023-12-11]. https://www.thepaper.cn/newsDetail_forward_22211072.

澎湃新闻.田兆元:黄道婆的创新精神,也是上海的灵魂[EB/OL].(2020-10-28)[2023-12-11]. https://baijiahao.baidu.com/s?id=1681758483604210579&wfr=spider&for=pc.

钱江晚报.张弥曼:"特别野"的女院士 畅谈与古生物学的爱恋[N/OL].(2021-04-16)[2023-12-11]. http://education.news.cn/2021-04/16/c_1211112711.htm.

饶舜英语访谈.专访"人工智能女王"贾斯汀·卡塞尔博士:聊聊人工智能的"今生"与"未来"[EB/OL].(2019-08-18)[2023-12-11]. https://cloud.tencent.com/developer/news/422268.

人物.张弥曼:只属于极少数人的夜晚[EB/OL].(2019-01-07)[2023-12-11]. https://baijiahao.baidu.com/s?id=1621967811691306604&wfr=spider&for=pc.

上海市普陀区地方志办公室.上海老工业寻迹:上海灯泡厂[EB/OL].(2017-08-09)[2023-12-11]. https://www.shpt.gov.cn/shpt/ptnj2016-ziliao/20170809/248512.html.

设计之旅.扎哈·哈迪德:建筑设计界的奇女子[EB/OL].(2020-07-17)[2023-12-11]. https://www.sohu.com/a/408210897_137994.

孙焱.扎哈:家庭、自然与奋斗[EB/OL].(2016-04-06)[2023-12-11]. https://www.archiposition.com/items/20180525101051.

他山石智库.从文艺少女到人工智能女王:贾斯汀·卡塞尔[EB/OL].(2018-01-02)[2023-12-11]. https://www.sohu.com/a/214423945_816027.

他山石智库.贾斯汀·卡塞尔:人工智能的未来,我们决定[EB/OL].(2020-07-21)[2023-12-11]. https://baijiahao.baidu.com/s?id=1672802145252546402&wfr=spider&for=pc.

他山石智库.影响人工智能领域10位大师,你认识几位?[EB/OL].(2019-04-28)[2023-12-11]. https://baijiahao.baidu.com/s?id=1632023089326194573&wfr=spider&for=pc.

王晨绯.杰出女科学家成就奖陈化兰:独立不倚 卓尔不群[EB/OL].(2016-04-29)[2023-

12-11]. https://news.sciencenet.cn/htmlnews/2016/4/344704.shtm.

新华社.为强国建设、民族复兴勇担巾帼使命：中国妇女第十三次全国代表大会代表学习领会党中央致词[EB/OL].（2023-10-25）[2023-12-11]. https://baijiahao.baidu.com/s?id=1780740991550748300&wfr=spider&for=pc.

新华社客户端.中国科学家胡海岚获颁"世界杰出女科学家奖"[EB/OL].（2022-06-24）[2023-12-11]. https://baijiahao.baidu.com/s?id=1736504337037813200&wfr=spider&for=pc.

新黄河.齐鲁时代楷模｜"一定要造出中国人的高速列车"：梁建英的创新故事（上）[EB/OL].（2023-09-21）[2023-12-11]. https://news.sohu.com/a/722207870_121347613.

学堂君.女性在STEM领域的发展，你了解多少？[EB/OL].（2020-03-08）[2023-12-11]. https://m.thepaper.cn/baijiahao_6412115.

央广网.致敬百年 奋斗路上｜梁建英：不辱使命，圆中国高铁列车梦[EB/OL].(2021-07-17)[2023-12-11]. https://baijiahao.baidu.com/s?id=1705493104831880080&wfr=spider&for=pc.

央视网.高铁女总工梁建英：每个人都可以有自己的"高铁"[EB/OL]. [2023-12-11]. https://news.cctv.com/2020/10/29/ARTIzImyF1CFnpfXR8OEycI1201029.shtml.

央视网.孙晨华：把一辈子的决心奉献给科研[EB/OL]. [2023-12-11]. https://news.cctv.com/2019/06/04/ARTIYc66Eme3WzsdUaHTp55Y190604.shtml.

浙江大学.脑科学与脑医学学院胡海岚团队在《Nature》发表论文，揭示氯胺酮 长效抗抑郁的神经机制[EB/OL].（2023-10-22）[2023-12-11]. https://www.zju.edu.cn/2023/1019/c32861a2814522/pagem.htm.

中国妇女报.衣被天下的纺织技术革新家：黄道婆[EB/OL].（2021-11-02）[2023-12-11]. http://www.cnwomen.com.cn/2021/11/02/99236169.html.

中国妇女网.第一位获得国家技术发明奖一等奖的女科学家：王菊珍[EB/OL].(2019-08-29)[2023-12-11]. http://www.cnwomen.com.cn/2019/08/29/99170441.html.

中国共产党中央委员会宣传部.龚双瑾简介[EB/OL]. [2023-12-11]. http://zmfdz.news.cn/727/index.html.

中国共产党中央委员会宣传部.梁建英简介[EB/OL]. [2023-12-11]. http://zmfdz.news.cn/205/index.html.

中国共产党中央委员会宣传部.孙晨华简介[EB/OL]. [2023-12-11]. http://zmfdz.news.cn/281/.

中国经济周刊.二十大代表、中国电子科技集团首席科学家孙晨华：让"不在服务区"成为历史[EB/OL].（2022-10-23）[2023-12-11]. https://baijiahao.baidu.com/s?id=1747464380340423742&wfr=spider&for=pc.

中国科协. 大美·中国女科学家丨张弥曼：追寻"从鱼到人"的证据 [EB/OL].（2019-08-20）[2023-12-11]. https://baijiahao.baidu.com/s?id=1642390440628315008&wfr=spider&for=pc.

中国科学院古脊椎动物与古人类研究所 .[环球人物] 张弥曼，时间里的旅行人 [EB/OL].（2019-01-21）[2023-12-11]. http://www.ivpp.cas.cn/kxcb/kpdt/201901/t20190121_5231800.html.

中国农业科学院哈尔滨兽医研究所 .NSR丨陈化兰及邵峰联手合作揭示 H7N9 感染引发细胞因子风暴的潜在机制 [EB/OL].（2021-08-05）[2023-12-11]. https://hvri.caas.cn/xwzh/zhdt/291398.htm.

中国泰尔实验室系统公众服务平台. 赞！我国信息通信行业的最美奋斗者：龚双瑾 [EB/OL].（2019-07-30）[2023-12-11]. https://www.sohu.com/a/330366984_505812.

中国信息通信研究院. 龚双瑾个人简介 [EB/OL]. [2023-12-11]. http://www.caict.ac.cn/kxyj/zjtd/201804/t20180428_159852.htm.

棕榈教育. 如何评价"解构主义大师"扎哈·哈迪德的建筑作品 [EB/OL].（2018-01-14）[2023-12-11]. https://www.sohu.com/a/216601774_669952.

第3章
家庭部门创新活动中的女性

家庭部门创新，定义为用户在其自由支配的时间内免费构思和开发功能新颖的产品、工艺或其他应用（von Hippel，2017；de Jong 等，2021），在全球的研究和实践中受到越来越多的关注。根据相关的全球调查，家庭部门创新在典型的发达经济体中被广泛采用，人们创造或修改家庭相关产品的频率在英国为6.1%（von Hippel 等，2012），荷兰为6.2%（de Bruijin，2010），芬兰为5.4%（Kuusisto 等，2014），美国为5.2%（von Hippel，2017），日本为3.7%（Pongtanalert 和 Ogawa，2015）。这种激增也进一步出现在新兴经济体中，对于家庭部门创新中用户创新的频率，阿联酋为3.0%（von Hippel 和 Cann，2021），中国为2.1%（Chen 等，2020）。总体而言，无论是发达经济体还是新兴经济体，它们每年都花费数以百亿计的美元来创造和修改产品，以更好地服务于本经济体内的使用需求（von Hippel，2017），涉及工具和设备、固定装置和家具、体育和娱乐产品、食品和服装、交通和车辆，以及儿童和教育方面的创新，这些都与家庭活动密切相关（Martin，2016；de Jong 等，2021）。

在发达经济体和新兴经济体中，家庭部门创新在实际家庭实践中的流行也实时反映在文献的相关追踪和探讨中（Martin，2016；de Jong 等，2021；von Hippel 和 Cann，2021）。在概念上，"家庭部门创新"一词与传统的"商业部门创新"概念（von Hippel 等，2012）相比较，后者是由从事逐利活动的供应商（主要是公司）从识别市场机会和开发创新产品/流程/服务以满足未被满足的需求（Ardichvili 等，2003）发展而来的。相对而言，家庭部门创新在以下方面与商业部门创新有所区别和补充（Gambardella 和 Pahle，2018）：第一，家庭部门创新主要表现为普通材料的重新利用和实际上具有很高商业潜力却被忽视的配方，尤其是当家庭部门中的个人或团体开始新的商业创业时。例如，闻名世界的中国辣椒制品品牌老干妈，起源于 20 世纪 80 年代的一项家庭油炸和调味工艺活动。它的创始人陶华碧最初创新了传统的辣椒酱烹饪方法，并免费为她孩子所在的一所贵州农村学校的贫困学生提供面条，上面放着她特制的美味酱料。2020 年，公司实现了超过 8.5 亿美元的销售收入，并为当地人口创造了 5 000 余个就业机会。第二，家庭部门创新中的用户创新可以补充商业产品和服务的功能（Chen 等，2020），因为用户通常主动创新，解决自己真实的和未被满足的需求（Jansen 等，2000）。典型的，以 1 型糖尿病患儿家长开发的 NightScout 项目为例，它是对传统电子健康监测设备缺乏远程监测的补充，通过提供家庭中儿童和老人的实时数据，避免了夜间健康突发事件的发生。

在家庭部门创新中，女性发挥着重要的作用。从社会角色角度来看，女性往往主动或被动比男性承担了更多的家庭照料和看护责任，因此她们会花费大量的时间在家庭事务上。这也就意味着，女性会有更多的机会和更长的时间去接触家庭场景中的各类产品，从而具有更多的一线使用经验和体验，这为她们认识家庭部门活动中未被满足的需求、对产品提出更新和改进意见以及自己动手制作和改进产品等家庭部门创新活动提供了机会。

笔者在 2017 年开展了一次针对中国家庭部门创新的大型社会调查，其中就嵌入了性别调查数据。本次调查结果有助于了解中国家庭部门中的女性从事家庭部门创新活动的现状。

3.1　问卷设计与数据收集

家庭部门创新的问卷项目最初是英文的。我们将问卷翻译成中文，然后由两个双语者（英汉双语）背靠背、互动地反译成英语，直到得到等价语义为止（Hoskisson 等，2000）。为了确保内容的有效性，我们邀请三位学术研究者进行关于问卷题项设计的访谈，对问卷和相应的条目进行修正（Rahim 和 Magner，1995）。另外，我们招募了十名工商管理专业博士研究生作为被试，对这些项目进行了预测试，以确保没有遗漏的问题。

第一，我们将问卷结构分为三个部分：①受访者的人口统计信息等基本信息（如性别、年龄、职业、收入、教育程度和所在地区）；②个人对家庭部门创新活动的态度和行为等半结构化访谈问题；③家庭部门创新的项目和成果的半结构化访谈问题。第二，采用电话调查的方式，进行了两轮问卷数据收集：①我们要求每个受访者回答关于家庭部门创新的项目和成果问题（第三部分），同时记录他们的人口统计信息等基本信息（第一部分）；②一个月后再次联系同一受访者，要求其回答对家庭部门创新活动的态度和行为问题（第二部分）。为了使受访者保持高水平的参与度并促进第二轮电话面试的持续参与，我们在第一轮电话面试结束后给每个受访号码发送了价值 50 元的话费兑换码。设计两轮数据收集有两个原因：其一，自变量和因变量之间的因果倒序测量和时间间隔数据收集有助于减少潜在的通用方法偏差（Podsakoff 等，2003）；其二，分两次进行调查有助于缩短每个受访者每次的受访时间，减轻其回应负担并提高其回应的准确性（Zhang 和 Li，2010）。问卷共计收集到 5 000 份有效反馈。

3.2 家庭部门创新者的识别

家庭部门创新是一种非常严格且高要求的个人活动类型，并不是在家庭场景中进行的每一种技术改进都属于家庭部门创新。

为了识别创新，我们应用了 von Hippel（2017）总结的程序。首先调查人们在过去三年是否创造或修改过任何物品。在调查的开始，调查者询问："我的下一个问题是关于你在空闲时间做什么。我想给你提供一些你可能在空闲时间创造或修改的日常用品。"与之前的调查一致，调查者为受访者提供了 9 个具体的线索：他们是否创造了任何计算机软件、家居用品、出行用品、工具、爱好或者娱乐活动、与子女或子女教育有关的、保健护理或医疗、服装有关的、其他事项。在 5 000 名受访者中，803 人报告称在过去三年创造或修改了至少一款产品。

随后，应用筛选问题，查看报告的样本是否属于家庭部门创新。具体而言，要判定为家庭部门创新并纳入样本，需要满足以下条件：第一，创造或修改的产品必须是在闲暇时间开发的；第二，必须投入实际使用或应用于日常生活，而不是一个尚未实现的想法；第三，必须体现市场上现有产品所没有的功能新颖性。我们还向受访者提出一些开放式问题，让他们描述他们创造了什么以及为什么创造。这使我们能够再次核查这些创新成果的功能新颖性，排除一些类似于更改外观的与美学或设计相关的创新，以及可以在市场上购买的自制版本产品。

在 5 000 名受访者中，有 803 人最初报告称在过去三年创造了至少一种产品或对产品进行了修改。我们通过交叉检查来确定并排除与工作相关的创新，这一数字减少了 166。接下来，我们检验了功能新颖性标准，在本轮筛选后，最终剩下 185 人，他们符合我们预先设定的家庭部门创新者的所有标准。

3.3　描述性发现

我们首先介绍关于创新频率的描述性发现，以及频率与人口统计变量（包括性别）的关系。接下来，我们用回归模型更深入地分析了创新和扩散的决定因素，并分性别展示这些结果。

表 3-1 给出了我们在中国观察到的各种人口统计变量中创新者的百分比（频数计算时，为了消除样本偏差，对频数进行了加权处理）。可以看出，在中国的家庭部门创新中，仅有 2.1% 的人从事过家庭部门创新活动。从性别分类上看，女性家庭部门创新者仅为 1.5%，男性家庭部门创新者为 2.7%。从更细致的分类上来看，居住在城市中、曾经接受过技术教育、具有技术工作经验的居民更有可能进行家庭部门创新。也就是说，在中国，家庭部门创新者更有可

能是居住在城市中、具有技术教育背景和技术工作经验的男性。这样的结果与我们的预测是相反的,可见,女性在中国家庭中的智力资源有待进一步挖掘与使用。

表 3-1　分人口统计变量的创新频率

变量	观察数(人)	识别出家庭部门创新活动的频率(%)
总体	5 000	2.1
性别		
女性	1 940	1.5
男性	3 060	2.7
城乡		
城市	2 263	2.9
城镇	1 285	2.1
乡村	1 452	1.4
技术教育		
是	661	5.8
否	4 339	1.8
技术工作经验		
是	1 300	4.2
否	3 700	1.6

注:人口统计数据根据性别、年龄和教育程度进行加权处理。

资料来源:CHEN J, SU Y S, DE JONG J P J, et al. 2020. Household sector innovation in China:Impacts of income and motivation[J]. Research Policy, 49(4):103931。

3.4　家庭部门创新动机发现

为了更好地理解家庭部门创新的潜在动机和女性参与情况,我们对受访者进行了后续访谈。我们首先询问"是什么激励你在闲暇时间从事创新活动",在记录他们的回答后,采用句子编码,并提取相应的关键词。图3-1呈现了所有受访者提及关键词的频率。根据关键词分析,"帮助他人"被提及次数最多，为3 246次。具体而言，受访者被要求详细描述"他人"的范围，其中家庭成员（如妻子、丈夫、子女、父母、兄弟姐妹等亲属），被提及2 184次，以及其他社会关系（如朋友、邻居和同事），被提及1 062次。因此，在激励家庭部门创新方面，基于亲属关系的奖励比基于其他社会关系的奖励更受重视。

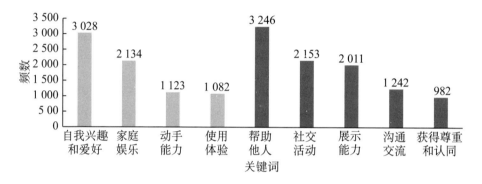

图3-1 创新动机的来源（全部样本）

将统计样本限定在女性后，再一次统计关键词频数，如图3-2所示。首先，根据关键词分析，"帮助他人"仍然具有最高的关键词频数，为2 019。和总体样本进行对比后发现，该频数中的62%都是由女性样本所贡献的。其次，在女性样本中，与"家庭娱乐"活动相关的关键词频数为1 152，与总体样本相比，该频数中的54%是由女性样本所贡献的。最后，与"社交活动"相关的关键词频数为1 119，居女性样本中的第3位，而与总体样本进行对比后发现，有52%的关键词频数来自女性样本。从关键词频数和总体样本占比中可以看出，女性认为家庭部门创新动机的来源主要是家庭关系、社会关系，而她们对于家庭部门创新产品能够满足自我兴趣和爱好、增强动手能力、提升使用体验等方面的关注程度不高，并不是她们从事家庭部门创新活动的动机来源。

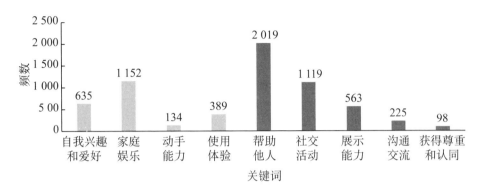

图 3-2　创新动机的来源（女性样本）

家庭部门创新，之所以会受到学术界的关注，主要是因为它的非市场属性。家庭部门创新成果是由创新者在闲暇时间自愿投入而形成的一种智力成果，这些由个人所创造出的创新成果会免费提供给家人、朋友、邻居等使用，因此，相较于普通的商业部门创新成果具有更强的社会正外部性。在调查过程中，调查者进一步询问了受访者是否愿意免费地将家庭部门创新成果传递给不同的社会关系，包括家庭成员、朋友、亲戚、邻居处于同一社群的人、同事、商业公司和网友。如图3-3所示，从总体样本中可以看出：全部受访者都同意将家庭部门创新成果免费分享给家庭成员；大部分人愿意将家庭部门创新成果免费分享给朋友、亲戚、邻居，有1 265名样本对此持有不确定态度；对于将家庭部门创新成果免费分享给处于同一社群的人，共计200名受访者表示不同意、300名受访者表示强烈不同意；而对于将家庭部门创新成果免费分享给同事，大部分受访者都表示不同意（其中，1 921名受访者表示非常不同意、1 420名受访者表示不同意、1 021名受访者持不确定态度、484名受访者表示同意、154名受访者表示非常同意）；而对于将家庭部门创新成果免费分享给商业公司，所有受访者都对此持不同意态度。这表明，如果家庭部门创新者与某一群体的社会关系牵涉到商业属性、工作属性、交易属性或经济属性，家庭部门创新成果所基于的非市场逻辑将无法在这一类社会关系中运行，个体不愿意将自己发明和创造的创新产品免费地分享给他人。

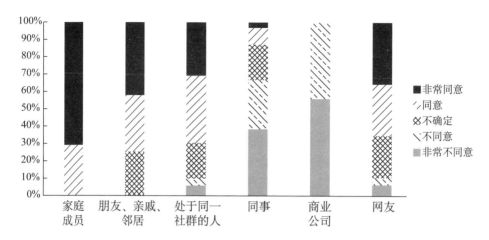

图 3-3　创新扩散的范围（统计全部样本）

将样本进一步限定在女性并与总体样本进行对比，如图 3-4 所示，对于那些具有更亲密社会关系属性的群体，例如家庭成员、朋友、亲戚、邻居，女性都更倾向于向他们传递自己的家庭部门创新成果；但是，对于那些社会关系属性较远的群体，例如处于同一社群的人和同事，女性则更加显著地表示了反对，她们对于免费地向远距离社会关系的群体分享家庭部门创新成果这一行为表示更显著的不同意。创新扩散范围的调查反映出女性对于社会关系远近的感知和边界认识更加明显。非市场属性狭窄地存在于社会关系之中。

这一研究发现表明，鼓励女性从事家庭部门创新活动，需要激发她们积极发现家人、亲戚和朋友等的需求，从利他主义的动机出发来鼓励女性投入到家庭部门创新活动中。与此同时，女性对于社会关系远近和边界的感知会限制家庭部门创新成果正外部性的扩散，要想缓解这一情况，需要社区或社群更多地鼓励远距离社会关系之间的互动、创造互动机会、增加个体的互动时间和频率，通常可以采取举办社区活动、社区竞赛、建立居民创新活动中心等方式来将女性对于关系和边界的感知模糊化，激发她们从社会互动和社会交换的角度来投入到家庭部门创新活动中，以扩大家庭部门创新成果扩散的范围。

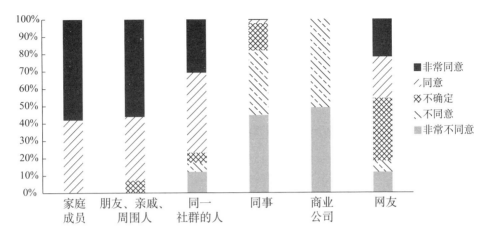

图 3-4　创新扩散的范围（女性样本）

参考文献

ARDICHVILI A A, CARDOZO R N, RAY S.2003.A theory of entrepreneurial opportunity identification and development[J]. Journal of Business Venturing, 18(1)：105-123.

CHEN J, SU Y S, DE JONG J P J, et al. 2020.Household sector innovation in China：Impacts of income and motivation[J]. Research Policy, 49(4)：103931.

DE BRUIJN E, O'CALLAGHAN R, RIBBERS P, et al.2010. On the viability of the open source development model for the design of physical objects：lessons learned from the RepRap project[D]. Tilburg：Tilburg University.

DE JONG J P J, BEN-MENAHEM S M, FRANKE N, et al.2021.Treading new ground in household sector innovation research：scope, emergence, business implications, and diffusion[J]. Research Policy, 50(8)：104270.

GAMBARDELLA C, PAHLE M.2018.Time-varying electricity pricing and consumer heterogeneity：welfare and distributional effects with variable renewable supply[J]. Energy Economics, 76：257-273.

HOSKISSON R E, EDEN L, LAU C M, et al. 2000.Strategy in emerging economies[J]. Academy of management journal, 43(3)：249-267.

JANSEN B J, SPINK A, SARACEVIC T. 2000.Real life, real users, and real needs：a study and analysis of user queries on the web[J]. Information processing & management, 36(2)：207-227.

KUUSISTO J, NIEMI M, GAULT F. 2014.User innovators and their influence on innovation activities of firms in Finland[R]. Maastricht: United Nations University.

MARTIN B R. 2016.Twenty challenges for innovation studies[J]. Science and Public Policy, 43(3): 432-450.

PODSAKOFF P M, MACKENZIE S B, LEE J Y, et al. 2003. Common method biases in behavioral research: a critical review of the literature and recommended remedies[J]. Journal of Applied Psychology, 88(5): 879-903.

PONGTANALERT K, OGAWA S.2015. Classifying user-innovators–an approach to utilize user-innovator asset[J]. Journal of Engineering and Technology Management, 37: 32-39.

RAHIM M A, MAGNER N R. 1995. Confirmatory factor analysis of the styles of handling interpersonal conflict: first-order factor model and its invariance across groups[J]. Journal of Applied Psychology, 80(1): 122.

VON HIPPEL C D, CANN A B. 2021.Behavioral innovation: pilot study and new big data analysis approach in household sector user innovation[J]. Research Policy, 50(8): 103992.

VON HIPPEL E, DE JONG J P J, FLOWERS S. 2012.Comparing business and household sector innovation in consumer products: findings from a representative study in the United Kingdom[J]. Management Science, 58(9): 1669-1681.

VON HIPPEL E.2017. Free Innovation[M]. Boston: MIT Press.

ZHANG Y, LI H. 2010. Innovation search of new ventures in a technology cluster: the role of ties with service intermediaries[J]. Strategic Management Journal, 31(1): 88-109.

第4章

女性创新者：内涵与类型

性与性别是决定生理特点、心理特征、社会角色和地位的重要人口学变量。作为研究对象，女性创新者会在创新活动和职业生涯中面临着性别刻板印象、身份不一致性、创新能力认知偏倚和工作－家庭不平衡等性别问题。对应的，女性创新者的创造力发挥、发展空间与机会都会和男性有所区别。只有正视这些存在的差别、差距和问题，才能够为女性创新者的发展提供实际可行的参考。

4.1 女性创新者的研究议题与内涵解析

狭义上的女性创新者，主要包括从事 R&D 工作的女性科研人员、女性科学家以及在商业领域具有创造力的女性领导者。2015 年，屠呦呦成为第一位获得诺贝尔科学奖项的中国本土科学家，并被授予 2016 年度国家最高科学技术奖，这也是国家最高科学技术奖首次颁予女性科学家。著名分子生物学家颜宁于 2016 年入选《自然》（Nature）杂志的"中国科学之星"，并荣膺"影响中国"2017 年度科技人物。她们都是中国杰出女性科学家的代表。科学研究本身就是一种充满创新机会的工作，女性科学家是技术创新的关键力量。而对于普通女性而言，"女性创新者"应该具有更大的外延，即属于广泛的社会创新者（瓦格纳，2015），例如女性高管、女性创业者、女性艺术家、女性作家、女性教师等一切在工作中发挥创新精神、创造能力来完成并完善当下工作的女性。表 4-1 列示了各领域杰出女性创新者代表。

表 4-1　各领域杰出女性创新者代表（按照姓氏拼音排序）

女性创新者	所在领域及成就	女性创新者	所在领域及成就
戴锦华	将电影、女性主义、历史和政治经济等诸多层面进行关联，并从文化批判的维度引入女性主义进行电影研究	董明珠	珠海格力电器股份有限公司董事长，领导格力电器致力于技术创新、提高能源效率与缓和环境恶化等技术创新管理研究
李银河	中国第一位研究性的女社会学家，自由主义女性主义者	林巧稚	中国妇产科的奠基人之一，在北京协和医院妇产科建立了妇产科领域的亚专业学科
卢勤	著名教育家，以"知心姐姐"形象通过各种方式与孩子进行沟通，开展引导教育	谭元元	探索舞蹈音乐剧场《谭元元和她的朋友们——美术馆奇幻夜》，创造性地将不同舞蹈、不同艺术形式融合在一起，形成完整作品
屠呦呦	药学家，创制新型抗疟药青蒿素和双氢青蒿素	吴健雄	著名核物理学家，用 β 衰变实验证明了在弱相互作用中的宇称不守恒
颜宁	分子生物学领域杰出科学家，从事人源葡萄糖转运蛋白 GLUT1 在内的关键膜蛋白的结构生物学研究	杨丽萍	舞蹈艺术家，编导了中国第一部大型原生态藏族歌舞乐

目前，管理学领域的性别研究中，关于女性高管、女性创业者和女性科学家在经济发展中的角色和作用，已有诸多优秀的研究成果。

1. 女性高管

与男性高管相比,女性高管更加民主(Johnson 和 Eagly,1990),在关系型和回报型的领导行为中具有先天优势,易于建立良好的各级关系并在管理过程中获得高效率和效果(Judge,Piccolo 和 Ilies,2004;Rosener,1990)。技术复杂化使得高效的管理实践方式通时合变,随着创新活动的开展逐步转向协同创新、用户创新、开放式创新、平台驱动式创新,创新活动涉及的相关者多、信息量大、对沟通能力和知识共享的需求强烈(Eagly 和 Sczesny,2009;Ansari,Reinecke 和 Spaan,2014),而这些都与女性高管的关系型特点(友好、包容、善于沟通、愿意倾听、具有同理心)相符(Rudman 等,2012),因此在很多大型企业的创新和高层管理团队中,女性逐渐发挥着重要的作用。

2. 女性创业者

在传统观念下,女性承担了更多的家庭事务(家务劳动、生育、抚养与教育子女、赡养老人等),导致她们在应对工作和家庭事务冲突上分身乏术。目前很多研究都鼓励企业制定女性友好型的"工作－家庭平衡"制度(Cabrera,2009),包括:①工作方面,实行远程工作(Telecommuting)、弹性工作时间,提供兼职以及暂时性缩编(Temporarily Scale Back);②家庭方面,提供产假和再就业、育儿支持、养老支持。但在很多高强度的脑力和体力行业,这种弹性工作制度很难实现,为此女性倾向于进行自主创业来获得更大的工作自由度,以便于平衡工作与家庭之间的关系。女性创业者就成为创业队伍中的一支重要力量。

3. 女性科学家

STEM 领域是男性主导的领域,女性常常被认为缺乏理性化思维方式和逻辑思考能力,不具备 STEM 领域所要求的基本素质能力。男女比例不平衡、性别工资差距在科学研究领域中同样存在。另外,科研经费的资助比例、金额、数量和申请成功率也有显著的性别差异。科学研究需要巨大的时间和精力投入,相对而言,女性科学家难以分身兼顾家庭责任。这就导致很多女性科学家在经济压力和家庭责任压力之下,离开了科学研究领域,产生了管漏现象

(Clark，2005)。另外，关于学术合作网络的研究发现，学术合作网络的发起者更加倾向于与男性科学家进行合作。一方面，女性科学家难以进入合作网络或无法占据网络核心地位（Bozeman 和 Corley，2004），从而使得研究只能通过"单打独斗"而难以获得协同效应；另一方面，即使女性科学家成功进入学术合作网络，往往也只是参与其中的某些隐性、辅助性的研究工作，这类工作不形成直接研发成果，女性科学家在合作团队中的可见度（Visibility）很低进而有可能被逐渐边缘化或被替代（Cole 和 Cole，1968；National Research Council，2001）。

女性创新者的外延远远不止以上三种社会角色。女性创新者在经济活动中是一种重要的人力资源投入，是更广泛意义上的社会创新者（瓦格纳，2015）。也就是说，通过触发创新思维和创新活动来形成技术创新、机制创新、管理创新、模式创新等广泛社会创新成果，达到积累个人财富、实现个人成就并惠及社会的女性劳动者都是女性创新者。这一定义涵盖了绝大部分从事经济和非经济工作的女性劳动者。

4.2 女性创新者的分类框架

阿马蒂亚·森（Amartya Sen）曾经探讨过"人力资源"与"发展"之间的关系："人力资源"强调的是生产功能性，聚焦人类生产活动的最终产出；"发展"（以自由看待发展）是关于每一个人所珍视的生活方式，以及选择何种生活方式的能力与机会（Anand 和 Sen，2000）。也就是说，"发展"将这两者置于统一的研究视域之下：生活方式应该包括了自由的生产方式，个体能够根据自身意愿而选择行业领域，公平地获取就业资源和经济生活资源，其职业进入和退出具有充分流动性。在这个过程中，人力资源能够得到不断的积累和释放，它不仅是经济增长的工具，还是经济增长的有益结果。人力资源的工具性与价值性贯穿始终（考夫曼、王学东和居伟，2004）。图 4-1 所示的是关于人力资源的双重性逻辑：工具性和价值性。工具性表现为人力资源的开发和释放

（良好的健康状态、营养、教育程度、生活质量等），能够形成社会的"生产力"；价值性表现为人力资源的积累（个人经济资源、社会资源、文化资源等），最终体现为个体的自由发展，能够形成个人的"生活力"。在生产力和生活力的共同作用下，经济参与者们完成了"为生活服务的生产"，促进了社会经济的增长，个体在这个过程中也能够自由选择生活方式。这种以"人"为发展起点和终点的经济增长方式，是人力资源的工具性与价值性的统一，也是社会发展应当遵循的进路。

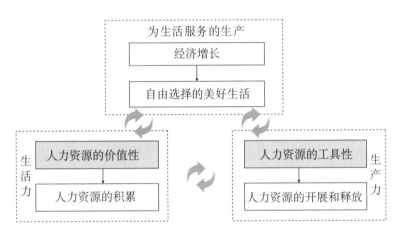

图 4-1　人力资源的工具性与价值性

以人力资源的工具性和价值性作为出发点，经济水平是人力资源工具性的累积成果，教育水平是人力资源价值性的累积成果。笔者将经济水平和教育水平作为女性创新者的分类维度，建立女性创新者的经济－教育分类模型（如图 4-2 所示），从而能够更加清晰地认识：女性创新者究竟包含哪些群体？不同的群体究竟面临何种经济与教育情景？她们各自的创新能力、情景与约束包括哪些内容？

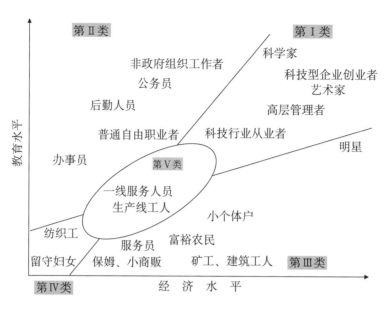

图 4-2　可行创新能力导向的女性创新者经济 - 教育分类模型

注：每一种职业都是一种教育和经济水平范围而不是一个点，且以传统职业所需教育与经济水平来划分，不包括一些职业中的奇异点；留守妇女属于社会身份。

1. 第Ⅰ类群体

精英型女性创新者，是指受过高等教育、社会地位较高、社会关系广泛的女性创新者，她们主要集中在高新技术、商业管理和艺术领域。她们的工作情景特点是从事高强度工作、以脑力劳动为主、具有较大的竞争压力、对创新活动的要求高。无论是技术突破还是艺术创作，都需要进行大量的创新工作。这种类型的女性创新者往往需要对工作有大量的投入，极易产生工作与家庭不平衡的状态。但由于其本身属于社会精英阶层，尽管是女性，她们也能够比较容易地获得企业、科技基金等社会资源对其创新活动的支持，因此该类群体的关注点是如何产生创新想法，如何维持自身的可持续性创新能力，以及怎样平衡与缓解工作与家庭之间的冲突。

2. 第Ⅱ类群体

小康型女性创新者，是指物质和文化生活都达到一定水平但还不是十分富裕的女性创新者，她们主要集中在政府、事业单位等工作稳定的领域。其中很大一个组成部分是白领阶层，她们的工作情景特点主要是收入稳定、工作流程模式化、从事隐性工作。很多工种的进入门槛较高（例如较高的学历要求）但不产生直接的绩效成果，因此绩效收入低，教育水平和经济水平并不完全匹配。这种类型的女性创新者往往工作环境舒适、有相对自由的个人和家庭生活时间。该类女性创新者往往有一定的时间投入家庭事务中、工作和职业生涯发展路径固定。由于工作模式固化，因而实际工作中并不需要过多的创新，且创新范畴集中在流程创新和管理创新方面。但是女性在推广管理变革和流程变革过程中会受到性别刻板印象的影响而缺乏权威，使得关于组织变革和创新的想法难以推行。进而，大部分小康型女性创新者不清楚如何对现有工作进行创新，也缺乏开展创新活动的动力。因此，她们的关注点是能否发现现有工作的创新契机以及是否进行创新。

3. 第Ⅲ类群体

蓝领型女性创新者，是指从事技术含量低的重复性体力劳动和日常事务工作的女性创新者，集中在挖掘业、建筑业、工矿业等领域。她们的工作情景特点主要是从业人员以男性为主、工作不稳定、劳动强度大、劳动危险性高、工作环境恶劣、对体力和身体素质的要求高、收入较高[①]、一般不需要创新。在机械操作行业，女性在生理上就存在着劣势，亟待通过设备整治改造、机械设备的创新和突破来减少对体力的消耗，释放出人力资源。这种类型的女性创新者拥有丰富的实践和操作经验，并且有进行机械改良和设备创新的动机，以此来克服自身的先天劣势。因此，她们的关注点是将自我实践经验和操作技能转化为技术创新的知识与成果产出。

4. 第Ⅳ类群体

草根型女性创新者，是指基本生活水平和职业稳定性难以保证的女性创新者，她们主要集中在农业和低端服务行业。她们的工作情景特点主要是工作不稳定、以体力劳动为主、缺乏基本工作保障、一般不需要创新。尤其是在农村

---

① 高收入来自对体力消耗和恶劣工作环境所造成的人身伤害补偿。

地区，随着农村劳动力转移，女性常常留守在户籍地看守土地、赡养老人、照顾孩子，创新对于她们来说是一种"奢侈品"，没有机会去从事创新活动。不过她们仍然可以在满足基本生活需求的基础上，发挥创新能力来改善生活。从事农业生产的女性在实际生产生活中，会发展原始创新技术，例如养殖模式创新、施肥创新、套种模式创新、交错节水灌溉、生物肥菌一体化技术创新等，如何让原始创新融入农业科技创新主流是关键所在。

5. 第Ⅴ类群体

一线型女性创新者，是指在各个产业的基层从事劳动活动的女性创新者，她们主要集中在一线商业服务和一线生产领域，这也是女性的主要就业领域。其工作情景特点主要是与顾客和机器接触，经济收入直接与绩效挂钩。与男性相比，女性在一线工作中，更易于与顾客进行沟通、善于与他人建立良好关系（尤其是情感关系）。一线型女性创新者一旦在工作中发掘创新空间并形成创新产品、技术和服务方式，就能够迅速提升自我绩效、获得直接经济收入。因此，她们的创新动力较强，并且在一线工作中，与顾客和机器的互动过程都是重要的创新和创意来源。因此，她们的关注点是如何发现创新并将之转化，以形成创新成果。

该女性创新者的经济－教育分类模型，是对所有职业进行的两维度划分。由于教育水平和经济水平之间存在显著的正相关，排除个人机遇因素，职业大都分布在对角线周围。所有从业者、创新工作者都可以根据自身实际情况，按照该分类方法进行划分，但是在女性特定的性别约束和创新需求下，工作情景与约束会有所不同、创新领域也会不尽相同。在维度选择上，模型以人力资源的工具性（经济水平）和价值性（教育水平）作为标准，体现出"为生活服务生产"的目标。而在具体论述过程中，将模型的分析对象设置成"女性创新者"，并具化女性创新者群体的工作情景特点和困境，以更好地展开对女性创新者的分析。

4.3 创新管理研究中的女性

职业和工作是创新的土壤和创新者的摇篮（Shalley 和 Gilson，2004），微观经济参与者、经济部门的微小组件，恰恰是创新驱动的重要投入。对女性创新者的类型认知和划分，是从性别角度去探索创新情景和约束在个体层面上的表现究竟为何。从不同类型的女性创新者重新审视、划分和梳理创新管理研究成果使得视角更加细致，也更具适应性。在原本的创新管理研究成果中增加性别维度，针对每一个女性创新者，用简约的、概要的模型去尽可能表述和重建她们实际面对的创新情景。在前文，女性创新者被分成了五种类型：精英型、小康型、蓝领型、草根型和一线型，她们各自所面临的情景约束和创新阻碍都不一样（如图 4-3 所示），这些都能够作为性别维度纳入创新管理研究成果并作为重点考量内容，以此来指导和帮助女性创新者突破情景约束、释放创新能力。

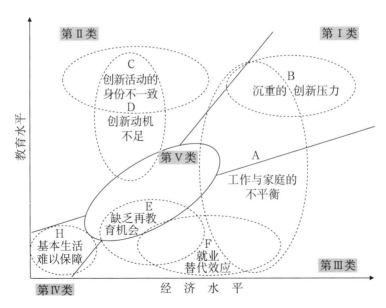

图 4-3　女性创新者经济－教育分类的创新情景约束和阻碍

4.3.1 创新管理研究中的精英型女性创新者

针对第Ⅰ类精英型女性创新者,她们面对的主要问题是工作与家庭的不平衡(A)和沉重的创新压力(B)。如女性科学家或者女性高管,其工作时间超出工作制度要求,工作对家庭的溢出影响很大,不过当前较为成熟和完善的家政服务行业、托儿和养老服务行业在一定程度上能够缓解其家庭劳动压力。

精英型女性创新者的工作集中在基于科学的创新、管理创新和商业模式创新,成果主要是知识和专业技术。而开放式创新是关注知识和技术溢出的创新理论。如果从知识流动的角度来看,开放式创新需要重点考察知识在精英型女性创新者的流入和流出过程。Chesbrough(2006)将"开放式创新"定义为知识有目的地流入和流出,从而激发内部创新并利用创新溢出来拓展新市场。与开放式创新相关的理论包括了信息交易(von Hippel,1989;Schrader,1991)、开源软件(West 和 Gallagher,2006)、知识流动、合作等。大量研究证实在 STEM、政治、商业和决策领域确实存在对女性的刻板印象,存在管漏现象和"高位缺席"状况(易显飞和张裔雯,2013);另外在商业合作、科研合作和联盟建立的合作伙伴选取过程中,男性会被优先选择。因此,开放式创新中的"合作"对于精英型女性创新者是远远不够的。Gassmann、Enkel 和 Chesbrough(2010)提出了看待开放式创新的九种视角,其中的工具视角(Tool Perspective)和过程视角(Process Perspective)能够适用于精英型女性创新者。在当前商业合作、科研合作和联盟建立存在阻碍的情况下,可以借助互联网技术和开源软件(工具)来获得外部信息(内向型信息流,Out-Inside)并适当披露内部信息(外向型信息流,Inside-Out)。工具和信息流的性别中立性能够尽可能降低性别干扰,并借助内向型和外向型的整合来建立创新者之间的联盟、合作网络和交叉授权等,具体如图 4-4 所示。精英型女性创新者首先借助内部信息与技术优势来进行知识溢出(图 4-4 中①),即使专利申请存在性别差距、转化过程中存在性别阻碍,仍然可以依靠其他开源的技术溢出方式来进行,以便于建立资源开发的开放网络(图 4-4 中②)。在建立外向型网络之后,利用知识黏性（Andersen，1999）来形成同外部信息与技术之间的联盟、合作网络和交叉授权关系，从而开放了资源获取的来源（图中③）。

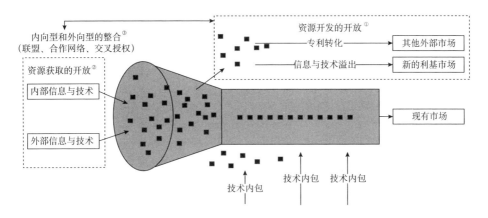

图 4-4 精英型女性创新者的开放式创新过程

资料来源：CHESBROUGH H.2006.Open innovation：a new paradigm for understanding industrial innovation[J]. Open Innovation：Researching a New Paradigm, 400：0-19；张峰.2012. 开放式创新实证研究述评与未来展望 [J]. 外国经济与管理, 34(5)：52-58。

4.3.2 创新管理研究中的小康型女性创新者

针对第Ⅱ类小康型女性创新者，她们面对的主要问题是创新活动的身份不一致（C）和创新动机不足（D）。

小康型女性创新者的工作集中在管理流程创新和机制创新。她们不常去思考工作是否存在创新契机或可能性，"创新动力不足"是存在于体制内工作人员、行政人员、后勤人员等的普遍现象。工资水平不高导致个人财富积累不足，进而对工作缺乏积极性，其特征类似于情景式领导（Situational Leadership）中的"高能力－低意愿"员工，需要设置创新激励机制来激发其创新动力，同时提供经济资助来解决其经济问题。

另外，小康型女性创新者的管理流程创新想法也会由于性别所造成的"身份不一致"而使管理变革因无法得到上下级的支持而难以推行。这种情景不利于实施突破式创新，更利于开展渐进式创新，即通过局部或改良性创新来降低管理变革的难度，也就是"见微知著的变革"（Plowman等，2007）。此类创新是基于已有知识积累且不会造成重大的技术变革，所需的投入也不大。

4.3.3 创新管理研究中的蓝领型女性创新者

针对第Ⅲ类蓝领型女性创新者，她们面对的主要问题是工作与家庭的不平衡（A）、缺乏再教育机会（E）和就业替代效应（F）。

家庭-工作平衡的工作制度（如弹性工作时间、远程工作等）能在一定程度上缓解这种不平衡状态，但这种工作制度主要面向白领阶层，在高劳动强度工种中基本上不会实施。因此，长时间、高强度工作对家庭的负向溢出影响很大，而工人阶层却无法像精英阶层一样雇佣家政，减轻育儿和养老负担。Martin（2013）提出了技术创新领域所面临的20项挑战，其中涉及"Mundane Innovation"（平凡创新）对释放女性人力资源的重要作用。国内目前并没有引入"Mundane Innovation"的概念，对应的更贴切的概念应该是由"民生科技"发展而来的"民生创新"（刘则渊，2016）。该概念强调创新产品要优先解决生存和生活所必需的食品、衣着、住所、健康和娱乐等方面的问题。现代社会不应该仅关注那些"男孩子的玩具"（boy's toy innovation），还要重视洗衣机、冰箱、厨具上的技术创新以及育儿和养老服务创新等，来为女性节约家务劳动时间、减轻其在养老、育儿方面的负担。

蓝领型女性创新者的工作集中在技术创新和工艺创新。工业生产中，女性在体力上具备先天的生理劣势。随着科技进步与技术引进，在机械设备替代人工生产的过程中，技术创新和工艺流程的改进会对劳动力产生替代效应，而这种替代成本往往是由具有生理劣势的女性来承担。也就是说，蓝领型女性创新者在创造技术创新成果的同时，极有可能让其他女性工人被创新成果替代，也就产生了创新与替代淘汰的讨论。当前关于创新的就业替代效应的研究成果主要集中在经济学领域，研究就业替代效应和创新效应相互作用对国家经济增长的影响（Pianta，2003），但少有研究关注就业替代效应所造成的失业损失究竟由何人承担。针对就业替代应加强对蓝领型女性创新者的权益保护和职业再教育。通过实施针对女性的再教育和培训计划，开展定期的培训课程，激发蓝领型女性创新者的技术创新积极性，积极收集女性创新者的技改和创新原型，指导她们结合实践经验和操作技能进行深入的创新研发。一旦创新成果得以应用于生产实践，一要保证由此而产生的就业替代效应不是由该女性来承担，二要保障其创新成果的知识产权，确保其获得相应的经济奖励，从而起到防止蓝领型女性创新者不创新、普通女性工人抵制创新的作用。

4.3.4 创新管理研究中的草根型女性创新者

针对第Ⅳ类草根型女性创新者，她们面对的主要问题是基本生活难以保障（H）。

针对草根群体，不得不提及的就是"包容式创新"（Inclusive Innovation）的概念。主流的发展观（通常隐晦地）认为发展是广义上的经济增长，包容式发展观则明确提出发展应该包含那些通常被排除在主流人群之外的人的发展，将被边缘化的群体纳入进来（George，McGahan 和 Prabhu，2012）。包容式创新具备以下要素：① 创新的使命——解决贫困人口所面临的问题；② 创新的过程——有贫困人口直接参与；③ 创新的采用——惠及贫困人口的生产生活。包容式创新重点关注的是低收入群体（例如日工资约在 1—2 美元的劳动者），妇女、青年、残疾人和少数族裔也包含在内（Dutz，2007）。

草根型女性创新者的工作集中在辅助创新和普及创新成果。她们普遍教育水平较低、知识积累不足、物质条件匮乏，并且承受着作为女性在技术创新、科学创新等方面的刻板印象，从参与创新活动和享受创新成果双重角度来看，她们都是被边缘化、被忽视的群体。草根型女性创新者在包容式创新中的作用主要体现在两个方面：① 从参与创新活动来看，在农村，女性、儿童、老人占据了农村留守人口的大部分比重，除了机械化农业生产，女性是当前农业生产中的重要人力资源。② 从享受创新成果来看，要着眼于其贫困现状、优先解决其基本生活问题，让农业创新技术、基本生活产品创新优先惠及这类群体。而草根型女性创新者所要做的，就是解放思想、积极迎接农业技术变革所带来的生产和生活方式的转变，不排斥、不抵触创新成果的普及过程并成为成果推广的受惠者。另外，要引导她们积极配合农业技术和农业机械生产的改良，参与农业新技术和新机械的推广与使用，积极学习创新的生产技术。

4.3.5 创新管理研究中的一线型女性创新者

针对第Ⅴ类一线型女性创新者，她们处于中间位置，拥有其他类型女性创新者的边缘性问题，但所有情景约束都不突出。

一线型女性创新者的工作集中在激发用户创新和基于实践的被动式创新。在当今竞争激烈的环境中，顾客期望享受定制化的服务。"一线"意味着界面，处于一线工作的服务人员是联系用户的重要桥梁。von Hippel 所提出的"用户创新"新范式（如图 4-5 所示），包含了用户组件和企业组件，界面间存在着创新原型设计和创新支持，涉及充分的信息沟通，这在很大程度上需要处于一线工作的服务人员来实施。女性在这个界面上具有天然的优势，她们善于沟通和实施客户关系管理，具有温暖、关爱、鼓舞人心的女性特质。一线型女性创新者并不是创新原型的设计者，而是用户需求和用户创新的发现者，她们帮助企业发现用户的创新想法、鼓励用户实施创新和自我改进、协助用户进行复制和改进，最终将创意和创新原型反馈给企业。

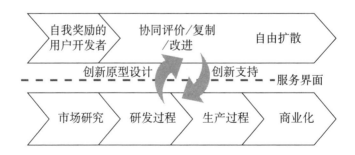

图 4-5　一线型女性创新者在用户创新中的作用

资料来源：根据 von Hippel 在 2017 年 6 月 24 日的创新研究国际会议（The International Conference on Innovation Studies，ICIS2017）上的演讲"Free Innovation"整理。

第 4 章
女性创新者：内涵与类型

一线服务行业的创新往往来自特定的和即兴的工作情景，是针对某种特定的工作实践或是由特定顾客需求而产生的一种被动式创新（Gallouj 和 Weinstein，1997）。Toivonen 和 Tuominen（2009）提出了针对一线服务人员的两种驱动创新的方式，一种是"快速应用"（Rapid Application；Toivonen，2010），在创意和创新想法产生之后，可以借助一线工作的操作性优势，将其快速应用于市场，使其接受市场检验。一旦可行，该原始创新雏形就可以投入进一步研发。另一种是"实践驱动"（Practice-driven），即通过不断总结和提炼一线工作实践和生产过程，来找到创新的可能性，它属于一种后验模型。但一线型女性创新者所面临的主要创新困境是，对女性的刻板印象会使上级对女性下属的创意和创新行为缺乏足够的关注和信任，不会提供足够的资源支持（Kirkbride，1987；Anwar，Arif 和 Sarwar，2011）。她们的创意和创新原型只能在本职工作范围内实施，而无法得到直线上司的足够重视和及时反馈、无法进一步推广。而当她们因缺乏足够的资源和权威而无法将创意和创新原型在其工作范围内实施，她们只能先上报直线上司，在这种情况下，上司很有可能会占有这个创意和创新原型。因此，对于一线型女性创新者而言，直线上司就是创新过程中的"守门人"（gatekeeper），控制着创新过程和产出。他们不仅承担着创新筛选的职责，还会在筛选反馈过程中直接影响创新者的创新动力和积极性。组织需要设计多渠道的创新与创意交流平台，尤其是互联网平台，赋予女性创新者平等的创新机会、地位和权力，使其更好地进行创新交流、获取资源和接受监管。其创新和创意在经过平台交流和改进成熟之后，再进入到正式创新管理流程之中，最终由管理层决策来确定是否应该进一步研发、实施和推广（Fuglsang 和 Sørensen，2011；Sundbo，2008；Toivonen 和 Tuominen，2009）。

参考文献

ANAND S, SEN A.2000.Human development and economic sustainability[J]. World Development, 28(12)：2029-2049.

ANDERSEN P H.1999.Organizing international technological collaboration in subcontractor relationships：an investigation of the knowledge-stickiness problem[J]. Research Policy, 28(6)：625-642.

ANSARI S, REINECKE J, SPAAN A.2014.How are practices made to vary? Managing practice adaptation in a multinational corporation[J]. Organization Studies, 35：1313-1341.

ANWAR M N，ARIF I，SARWAR M. 2011.Gender differences in workplace deviant behavior of university teachers and modification techniques[J]. International Education Studies, 4(1)：193-197.

BLICKENSTAFF C J.2005.Women and science careers：leaky pipeline or gender filter? [J]. Gender and Education, 17(4)：369-386.

BOZEMAN B, CORLEY E.2004. Scientists' collaboration strategies：implications for scientific and technical human capital[J]. Research Policy, 33(4)：599-616.

CABRERA E F. 2009. Fixing the leaky pipeline：five ways to retain female talent[J]. People & Strategy, 32(1)：40.

CHESBROUGH H.2006.Open innovation：a new paradigm for understanding industrial innovation[J]. Open Innovation：Researching a New Paradigm, 400：0-19.

CLARK BLICKENSTAFF J. 2005. Women and science careers：leaky pipeline or gender filter?[J]. Gender and Education, 17(4)：369-386.

COLE S, COLE J R.1968.Visibility and the structural bases of awareness of scientific research[J]. American Sociological Review, 33(3)：397-413.

DUTZ M.2007.Unleashing India's innovation：toward sustainable and inclusive growth[M]. Washington D.C.：World Bank Publications.

EAGLY A H，SCZESNY S.2009.Stereotypes about women, men, and leaders：have times changed?[M]. Washington D.C.：American Psychological Association.

FUGLSANG L, SØRENSEN F. 2011.The balance between bricolage and innovation：management dilemmas in sustainable public innovation[J]. The Service Industries Journal, 31(4)：581-595.

GALLOUJ F, WEINSTEIN O.1997. Innovation in services[J]. Research policy, 26(4-5)：537-556.

GASSMANN O, ENKEL E, CHESBROUGH H.2010.The future of open innovation[J]. R&D Management, 40(3): 213-221.

GEORGE G, MCGAHAN A M, PRABHU J.2012.Innovation for inclusive growth: towards a theoretical framework and a research agenda[J]. Journal of Management Studies, 49(4): 661-683.

JOHNSON B T, EAGLY A H.1990.Involvement and persuasion: types, tradition, and the evidence[J]. Psychological Bulletin, 107(3): 375-384.

JUDGE T A, PICCOLO R F, ILIES R.2004.The forgotten ones? The validity of consideration and initiating structure in leadership research[J]. Journal of Applied Psychology, 89(1): 36-51.

KIRKBRIDE P S.1987.Personnel management and organizational culture: a case of deviant innovation? [J]. Personnel Review, 16(1): 3-9.

MARTIN B R.2013.Twenty challenges for innovation studies[J]. Science & Public Policy, 43(3): 432-450.

National Research Council.2001. From scarcity to visibility: gender differences in the careers of doctoral scientists and engineers[M]. Washington, D.C.: National Academies Press.

PLOWMAN D A, BAKER L T, BECK T E, et al. 2007. Radical change accidentally: The emergence and amplification of small change[J]. Academy of management Journal, 50(3): 515-543.

ROSENER J B.1990.Ways women lead[J]. Harvard Business Review, 68(6): 119-125.

RUDMAN L A, MOSS-RACUSIN C A, PHELAN J E, et al. 2012. Status incongruity and backlash effects: defending the gender hierarchy motivates prejudice against female leaders[J]. Journal of Experimental Social Psychology, 48(1), 165-179.

SCHRADER S.1991.Informal technology transfer between firms: cooperation through information trading[J]. Research Policy, 20(2): 153-170.

SHALLEY C E, GILSON L L. 2004.What leaders need to know: a review of social and contextual factors that can foster or hinder creativity[J]. The Leadership Quarterly, 15(1): 33-53.

SUNDBO J. 2008.Innovation and involvement in Services[J]. Innovation and the Creative Process, 25-47.

TOIVONEN M, TUOMINEN T.2009. Emergence of innovations in services[J]. The Service Industries Journal, 29(7): 887-902.

TOIVONEN M. 2010. Different types of innovation processes in services and their organizational implications[J]. The Handbook of Innovation and Services: A Multi-disciplinary Perspective, 221-249.

VON HIPPEL E.1989.Cooperation between rivals: informal know-how trading[J]Research Policy,

16(6):157-175.

WEST J, GALLAGHER S.2006. Challenges of open innovation:the paradox of firm investment in open-source software[J]. R&D Management, 36(3):319-331.

考夫曼,王学东,居伟.2004.社会福利国家面临的挑战[J].科学社会主义,(3):131-132.

刘则渊.2016.科学学视野下的民生科技:推荐贾品荣的专著《民生科技:创新模式与评价体系》[J].科学学研究,34(12):1916-1917.

瓦格纳.2015.创新者的培养:如何培养改变世界的创新人才[M].陈劲,王鲁,刘文澜,译,北京:科学出版社.

易显飞,张裔雯.2013.论技术创新的"女性缺席"[J].自然辩证法研究,6:125-128.

第 5 章

刻板印象：女性创新者的威胁亦是机会 ①

在国际上最早关注女性真实工作场景和状态的是小型企业和创业机构（Institute for Small Business and Entrepreneurship，ISBE），该组织发布了关于科学技术领域女性的一系列观察结果：①在全球范围内的自然科学领域，女性科学技术工作者所占比重很小；②自然科学领域的职业与行业壁垒仍然存在，阻碍着女性进入自然科学领域或进入后的晋升；③在 STEM 领域中存在严重的管漏现象且改善效果不明显。由此可见，性别隔离现象在教育和劳动力市场中仍广泛存在。在创新者的人口学亚组分析中，易显飞和张裔雯（2013）提出了女性创新者在科学技术领域中的"高位缺席"的状况。受到学科、技术领域的限制，技术创新中的女性（包括女性科学家、女性科研人员、女性 R&D 人员、女性工程师、女性高管、女性技术创业者等）具有明显的特殊性。目前关于性别和创新的研究主题纷繁多样，但鲜有聚焦"女性创新者"的。在性别和创新的研究议题中，性别和创新两种要素相互独立，议题主要强调的是两者相互作用和性别差异在各项创新指标中的表现，并没有将性别嵌入创新管理研究。Agnete，Ljunggren 和 Hytti（2013）通过元分析对相关研究主题做出总结：性别差异在专利成果、学术创业、产学关系、组织变革、组织多元化、创新偏好、社会变革、社会运动、制度创新、公共传媒、教育和医疗等多个领域中都

---

① 本章内容源于本书两位作者已发表论文：吴欣桐，陈劲，梅亮，等 . 2017. 刻板印象：女性创新者在技术创新中的威胁抑或机会？[J]. 外国经济与管理，39(11)：45-60。

有所体现。可见，创新领域中的性别问题、女性创新者的劣势广泛存在且受到了关注。

习近平总书记指出，创新是引领发展的第一动力。在2014年9月召开的夏季达沃斯论坛上，国务院总理李克强提出"大众创业、万众创新"。2016年5月，《国家创新驱动发展战略纲要》印发，文件提出"到2050年建成世界科技创新强国"。面对第四次科技革命的契机，"创新"势必成为国家意志和社会的共同行动。而如何触发创新、如何让创新驱动社会发展，已成为国内学术界和实践领域的显学（钱颖一，2016；陈劲，2016）。社会技术创新的推进往往是基础科学和应用科学相互促进的结果，涵盖了数学、物理学、生命科学、医学、化学、信息科学等基础科学，以及机械与运载工程、能源与矿业工程、化工、冶金与材料工程、信息与电子工程等应用科学。但不可否认，"创新"尤其是专业领域的"技术创新"是一项门槛极高的智力活动，它意味着从事挑战性的工作和创新事业，其背后蕴含的是创新者长期、持续、大量的累积优势和社会资本，包括丰富的专业技术背景、教育投资、社会网络、人力资本积累（Fitzsimmons等，2014）。女性参与的比例呈现出明显的隶属级别差异和学科差异。如图5-1所示，女性在不同隶属级别的部门中的占比，大致处于30%～40%，处在省级部门的女性R&D人员占比最高，2015年已经超过了40%。但是2012年后中央部门的女性R&D人员的占比最低，接近30%且有继续下降的趋势。这说明，女性人才在高层次部门中的占比较低，而在中低层次部门中的占比相对较高，但总体上仍明显低于男性。

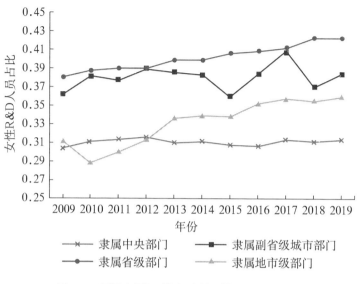

图 5-1　不同隶属级别部门中的女性 R&D 人员占比

资料来源：EPS 全球统计数据 / 分析平台，中国科技数据库（2019）。

如图 5-2 所示，在不同学科中，女性 R&D 人员占比也大相径庭。首先，女性 R&D 人员超过半数的学科是医药科学；在人文社会科学中，女性 R&D 人员占比超过了 40%；自然科学和农业科学中的女性 R&D 人员占比相差不大，基本稳定在 35% 左右；而工程与技术科学中的女性 R&D 人员占比最低，长年在 30% 以下。在这种明显由男性占主导的创新环境中，女性通常面临着双重评价偏倚：①女性普遍被认定为不具有工具型能力（agentic ability），也就是缺少创新行为所需要的能动性；②女性所表现出的创新能力，在被感知的过程中也会受到损耗（Eagly 和 Karau，1991）。Joshi 等（2015）的研究成果表明，行业中男性和女性从业人员的占比关系到性别所造成的刻板印象的影响程度，决定了性别因素在绩效评价和工作报酬中的影响，而所从事工作内容的复杂程度也会影响女性在绩效评价和工作报酬中的偏倚大小。

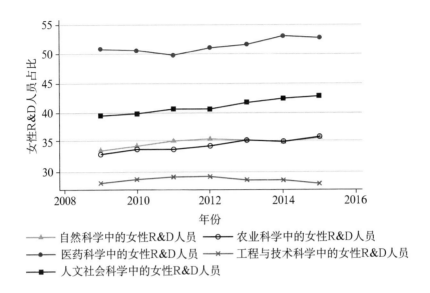

图 5-2　不同学科中的女性 R&D 人员占比

资料来源：EPS 全球统计数据/分析平台，中国科技数据库（2016）。

女性 R&D 人员占比在不同隶属级别的部门和不同学科之间的差异，是女性刻板印象在技术创新领域的观照。刻板印象和双重评价偏倚都潜移默化地影响女性创新者所嵌入的创新组织活动、上下级关系以及自我行为认知等方面。一般性的性别研究和统计数据，并没有对女性创新者所处的情景进行具体刻画，没有突出性别非均衡化的技术创新和技术研发领域的情景特殊性。因而，关于何种情景能够催生出女性创新者的刻板印象威胁以及产生了何种互动与限制行为就难以清晰辨别，这就导致性别刻板印象与威胁之间极易产生必然性（秦启文和余华，2001；王沛，2002；王沛和陈学锋，2003；徐大真，2003）。

探讨技术创新情景中的刻板印象对女性创新者的影响，需要系统性地分析女性创新者在技术创新过程中所受到的威胁；在承认威胁的基础之上，探讨如何正确使用刻板印象来消解刻板印象与威胁之间的必然性、如何创造女性创新者的刻板印象机会，这些都是缓解乃至正确使用女性创新者的刻板印象、激发技术创新行为和效率所必须清楚探讨的问题。作为国内创新管理研究领域以女性创新者为研究对象的一次尝试，本章以女性创新者的刻板印象为载体，系统梳理国内外关于技术创新情景中的女性及性别刻板印象等的研究成果，从而深度解析技术创新管理研究视野中的性别议题与性别影响，通过对创新理论的人文观构建、聚焦女性创新者内在的全面发展等，输出理论与实践层面的研究增量与借鉴价值。

5.1 技术创新情景与女性刻板印象

5.1.1 女性刻板印象的初始情景

女性刻板印象对女性所处的情景进行了限定：大部分人将女性的职业设定在了人文领域而不是工程和技术领域（Steele 和 Ambady，2006），甚至是将女性圈定在家庭中、认为家庭才是女性的最终归宿，而不是工作与事业（Geis 等，1984）。这种情景化的刻板印象会使女性在创新活动中缺乏归属感，产生强烈的危机感和敏感心理（Cohen 和 Garcia，2008；Walton 和 Cohen，2007），最终很有可能让女性脱离该行业。

"男主外、女主内"（men take charge and women take care）的观念在诸多文化背景下都存在（Dodge 等，1995；Heilman，2001；Hoyt 和 Murphy，2016）。在管理学领域，女性管理者面临着难以进入高管理层、能力感知和绩效考核的性别偏差等问题。根据 Shapiro 和 Neuberg（2007）的研究，与性别有关的刻板印象并不是一个单一的过程，而涉及差异化却又彼此相关的多个生理和心理过程。性别刻板印象所产生的生理和心理应激反应机制包括三种：损害工作记忆、不自觉地加强对他人的监视和控制、产生消极情绪并压制积极情绪。Hoyt 和 Murphy（2016）研究了关于刻板印象在管理情景中的过程，如图 5-3 所示。

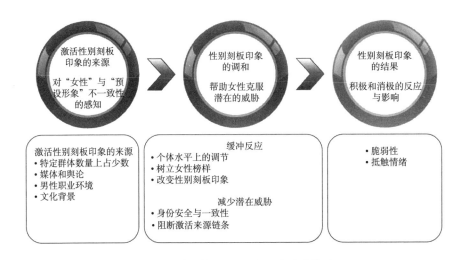

图 5-3　管理情景中的刻板印象威胁模型

资料来源：HOYT C L, MURPHY S E.2016.Managing to clear the air: stereotype threat, women, and leadership[J]. The Leadership Quarterly, 27(3)：387-399。

目前，很多研究都是针对管理领域和科学领域进行的，然而只要存在情景和社会认知图式，就会有刻板印象的存在，因此，女性刻板印象的研究成果在技术创新情景中同样适用，能够在不同的职业领域和职业情景中闻一知十。

5.1.2 女性刻板印象的情景延展

社会支配理论（social dominance theory）认为，一些显性规则和潜规则构成了职业中的性别分化和门槛，并不断形成和强化职业中的性别等级。其中，最大的门槛是文化资本。在 Bourdieu（1977）的社会实践理论中，文化资本分成了客观化文化资本、具体化文化资本和制度化文化资本。客观化文化资本包括个人所拥有的各类成果，这些成果能够反映自身的文化水平和能力层次，例如文学作品、绘画作品、专利成果等。身体化文化资本是个人在成长发展过程中所逐渐形成的动作、姿态、语气、行动气质和习惯等，它能够决定个人能力为他人所感知的过程。而制度化文化资本包括各种资格证书、正式学历证明、学术头衔等，它使得文化资本的拥有者具有了合法化的地位。但一旦制度化文化资本的获取过程受到性别因素的影响，就会使得制度合法性成为制度化文化资本中难以逾越的鸿沟。

很多学者通过案例和实证研究发现，性别刻板印象在科学、技术、工程和数学这四个领域中表现得尤为明显（Good 等，2008；Shapiro 和 Williams，2012）。这种情况反映出刻板印象具有明显的情景性，在某个环境下处于在位优势的群体会在另一个情景中遭遇刻板印象的影响（Aronson 等，1998）。已经有实证研究证实了性别刻板印象会使 STEM 领域中的女性在一些重要的谈判、决策工作中表现不佳、缺乏自信，产生自我否定甚至离职倾向（Bell 等，2003；Logel 等，2009；Inzlicht 和 Ben-Zeev，2000；Schmader，2002；Spencer 等，1999）。女性一旦也对自己产生刻板印象和自我否定的心理状态，她们在工作中就会出现大量的试探性行为与语言（McGlone 和 Pfiester，2015），从而影响决策效果（Carr 和 Steele，2009；2010）。试探性行为与语言不仅会耗费大量的管理成本和沟通成本，还会无形中增加决策风险、损害自身的权威性、加重下属对自身的质疑。为了维护自身的权威和合法性，女性更容易固执己见，尤其倾向于放弃一些低风险决策，而选择一些高回报、高风险决策来巩固自己的权威地位并彰显自己的胆识（Carr 和 Steele，2009）。STEM 正是技术创新的重点领域，刻板印象及其影响都会使得身处这些领域的女性无法完全融入且能力发挥受到限制。

5.2 女性创新者的窘境

5.2.1 技术创新的情景特征

传统的创新行为或活动是从技术研发、创造到商业化推广的全过程（陈劲和郑刚，2013），是基于技术改进和创造的流程再造和产品更新换代。创新的初衷不仅来源于现实经验和对缺陷的改进，还来源于某些偶然性因素（例如：青霉素的发现来自实验的偶然；亚历山大·贝尔（Alexander Bell）也是偶然发现了铁片在磁铁前振动会发出微弱声音后，才有了发明电话的初步设想）。创新的整个过程是实时性的，但是创新成果的最终检验效果却呈现出明显的滞后性：创新技术实验能否取得成果，创新成果能否适用于实地试验，创新成果是否具备商业化推广的可能性，这些都让创新活动充满了不确定性、呈现出明显的未来导向（梅亮和陈劲，2015；Owen 等，2012；Sutcliffe 和 Director，2011）。这也就是为什么创新者总被打上冒险者、破坏者、勇敢者和打破常规者的标签。

女性在创新活动中所受到的各种差异化的待遇，一部分能够归因于刻板印象。角色一致性理论认为女性将会面临两道门槛（Eagly 和 Karau，2002）：①女性创新者需要跨越的第一道门槛就是"匹配度缺位"的问题。较之于男性，女性普遍被认为缺乏理性和逻辑思维（虽然有实证数据证明并非如此），因而很难满足创新活动对个人特质的要求（Biernat 和 Fuegen，2001；Foschi，2000；Heilman，1983）。个人创新能力毕竟是一种客观存在，即使个人创新能力起初被错误认知，随着创新活动的开展和成员合作的展开，一旦女性的个人创新能力得到认可，这一门槛就会消失。②另一道无形的门槛是回弹效应（backlash）。跨越了第一道门槛的女性被认定为拥有卓越的个人创新能力，这种"反刻板化"（counter-stereotypical）的女性形象会更加容易遭受偏见、妒忌和歧视（Rudman，1998），使女性面临着无法摆脱的困境和难以逾越的障碍。

创新源于技术、成于资本，前期投入大、风险高、回报周期长（辜胜阻和庄芹芹，2016）。创新行为意味着愿景、勇气、变革、突破、挑战、破旧立新（Perel，2002），反对非我所创（not invented here syndrome；Katz 和 Allen，1982）的企业惰性。从事创新事业的女性自然而然地就会被赋予创新行为所具有的特质。而在刻板印象的催化下，该特质被异化为支配欲、控制欲和傲慢的变异工具型特质，进而产生一种强烈的反差感，引起他人强烈的抵触和不适。

5.2.2 刻板印象威胁的非必然性

将"女性研究"(women's studies)嵌入创新的范畴,具有学术和实践的双重意义。20世纪70年代学院派女性主义正式进入学术领域,其初衷是借助女性主义的启蒙运动来为女性运动寻找学术上的合法性(legitimacy),对社会上普遍存在的女性不平等待遇提供理论解释,同时预测女性运动的未来发展。关于女性、刻板印象和创新的研究,其实是在当前的创新相关议题中,呼吁对"女性""性别"变量的强调,将创新过程中与女性相关的被边缘化乃至无形化的问题纳入研究范畴。其目的不是对现有研究的批判(Millman和Kanter,1975),而是将研究视角放大、让某些长期被忽略的非主流议题获得关注。这一过程能够使理论的经验来源更加多样化、具象化,将原本支离破碎的女性经验和社会现象在这个框架中进行融合,使得"创新者"不再是匿名的(anonymous)、暧昧的(ambiguous)甚至是无形的(intangible)个体,而表现为具体的、真实的、历史的个体(Harding,1987)。Cook和Fonow(1986)提出,要意识到性别无处不在的影响,要承认研究对象乃至研究者本身也是一个性别载体。此外,亚当等(2005)认为,现代化所形成的技术资本主义会给社会带来社会结构的冲突。在这一特殊的时代背景之下,在研究过程中彰显伦理关怀、强调对女性的关注与赋权,能够提升研究内容的公平性和创新活动准入规则的平等性。创新这项源于人类智慧、服务于社会全体的社会活动,只有消除了进入门槛和结构性歧视,才能为社会大众所共享、获得扩大化的福利范围和效果。

尽管刻板印象威胁源于刻板印象,但是刻板印象并"不必然"引发威胁效应。此外,刻板印象威胁具有明显的情景性、被嵌入于特定的情景和社会背景之中。一般而言,这个情景蕴含于与个体相关的社会范畴之中(Marx等,2005)。对女性刻板印象的讨论,无论是威胁还是机会,都使得被边缘化的女性问题被重新放置到研究主流的框架中,形成"不含偏见"的创新知识和创新行为,让女性创新者不再处于"身处其中的局外人"(outsiders within;Collins,

1986）或"被边缘化的局内人"（marginal insiders）的尴尬位置。

为了研究女性刻板印象对女性创新者的影响及其方向，笔者从刻板印象出发，通过介绍女性创新者预设形象与实际形象之间的差别，探讨女性创新者所面临的身份不一致和合法性的缺失及其带来的一系列问题。但刻板印象并不一定就会引发威胁效应，创新活动内容的变化、家庭对女性的重要意义以及女性所得到的容忍和容错，也能够为女性创新者带来男性所无法享受到的机会。基本思路如图 5-4 所示。

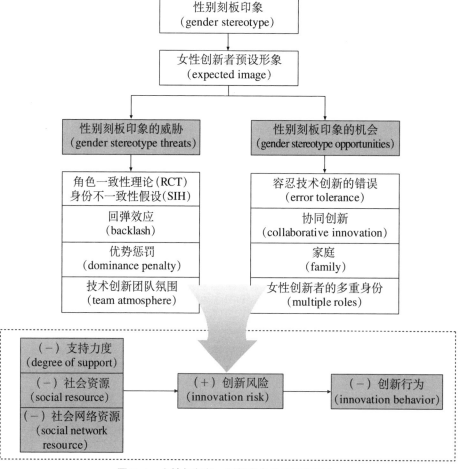

图 5-4　女性与创新：刻板印象的威胁和机会

5.3 威胁：女性刻板印象的溯因

5.3.1 技术创新行为的身份一致性

身份不一致性假设（Status Incongruity Hypothesis，SIH）与角色一致性理论（Role Consistency Theory，RCT）这两种理论都被应用于女性领导力的研究，理论指出：当女性表现出卓越的领导力时，她们所做出的努力不会被同事和上级重视，这种情况源自对性别与社会角色的固化，并且这种观念广泛存在于各种文化背景下（Eagly 等，1992）。SIH 和 RCT 均认为，具有工具型特质的女性会因身份、角色与社会预设形象的冲突（status violations），而受到他人的抵触和指责。角色不一致问题会导致合法性的缺失。女性在从事技术创新活动时，由刻板印象而引起的低匹配度会使她们难以获得上司和下属的认可，从而难以获取工作活动所需的资源支持以及调度能力等合法性权利。拒绝合作、拒绝分享、信息孤岛、团队分层、小团体、性别孤立等现象都是由合法性缺失引发的后果。没有技术创新资源的支持，最终的创新结果也会因此遭受负面影响，而这种恶性循环会不断强化创新过程中的性别鸿沟（gender gap）。Vial 等（2016）分析了女性个体缺乏合法性的自我强化循环，如图 5-5 所示。

如果从女性创新者的角度来理解这个自我强化循环，那么可以做如下解读：普通的女性创新者拥有在位权利（A），在技术创新活动中逐渐树立起了正式权威。权威能够帮助这个女性创新者获取更多的创新资源，例如人才召集能力、资金筹集能力、行业号召力、政策支持的获取能力等；同时她的创新权威也会遭受他人的权威认知偏差（C），权威因此被削弱。创新者的性别（D）能够影响下属对其性别因素的归因程度（B）和创新权威认知偏差的程度（C），两者共同决定了女性创新者的合法性感知（E）。合法性的丧失会产生一系列的后果（F），进而导致女性创新者的心态改变（G），例如厌恶创新风险、害怕失败、拒绝团队合作和开放交流、拒绝信息分享和知识共享等。

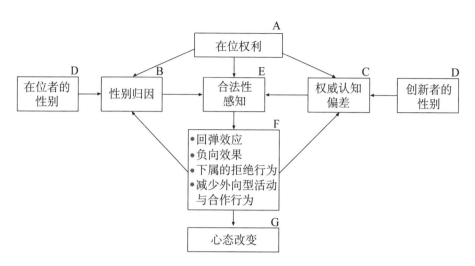

图 5-5　缺乏合法性的自我强化循环

资料来源：VIAL A C, NAPIER J L, BRESCOLL V L.2016.A bed of thorns：female leaders and the self-reinforcing cycle of illegitimacy[J]. The Leadership Quarterly, 27(3)：400-414。

性别刻板印象包含两个要素：①规范性要素，阐述了男性和女性应该是怎么样的，不同性别的预设形象是什么，他们应该做什么和不应该做什么；②描述性要素，阐述了男性和女性的差别是如何产生的，以及违反该形象的人会受到怎样的负面影响（Burgess 和 Borgida，1999；Eagly 和 Karau，2002；Glick 和 Fiske，1999；Heilman，2012）。Rudman 等（2012）调查了男性和女性有关禁制（proscriptions）与规范（prescriptions）的行为，如表 5-1 所示。这些禁制与规范逐渐形成了性别规则（gender rules），即使女性表现出了高度的逻辑推理能力、理性思考能力、分析能力（属于男性的规范行为），她们只会得到尊重而不会得到认可（Heilman 等，2004；Rudman 和 Phelan，2008）。

表 5-1 男性和女性有关禁制与规范的行为

特点	内容
男性的禁制行为	感性、情绪化、幼稚、脆弱、不可靠、缺乏安全感、轻信他人、夸张、优柔寡断、迷信
男性的规范行为	职业导向、领导力、进取心、果敢、独立、商业头脑、野心、勤奋、抗压能力、主动、智商、分析能力、高度自尊、说服力、竞争力、胜任力
女性的禁制行为	咄咄逼人、进取心、胁迫、独裁、控制欲、强势、苛刻、冷酷、愤怒、固执、冷淡、以自我为中心、冷嘲热讽
女性的规范行为	感性、温暖、关爱孩子、敏感、倾听者、开朗、热情、情绪化、合作、友好、热心、礼貌、谦逊、互助、好人缘

资料来源：RUDMAN L A, MOSS-RACUSIN C A, PHELAN J E, et al.2012.Status incongruity and backlash effects：defending the gender hierarchy motivates prejudice against female leaders[J]. Journal of Experimental Social Psychology, 48(1)：165-179。

5.3.2 技术创新行为的回弹效应

回弹效应最早是由 Rudman（1998）提出的，该术语描述了违反角色一致性、挑战刻板印象的女性在社会上和经济上所遭受到的一系列偏见和贬责。回弹效应来源于身份冒犯和不一致所造成的对他人的恐慌感和威胁。通常，女性被认定为是温暖、友好、互助的代名词。在社会认知图式的作用下，这种印象会逐渐被刻板化甚至异化。女性被强制要求去迎合这种固有的印象，实际上是对其自由发展权利的剥夺（Parks-Stamm 等，2008）。

技术创新行为的回弹效应会导致如下结果：

第一，女性创新者难以获得职业生涯的提升和资源获取机会（Brescoll，2011；Brescoll 和 Uhlmann，2008；Phelan 等，2008；Rudman 等，2012）。

第二，上级倾向于给女性创新者较低的创新绩效回报（Brescoll 等，2010；Brescoll 和 Uhlmann，2008；Livingston 等，2012），这极有可能降低女性创新者的工作积极性。

第三，削弱女性创新者的合法性，让下属与创新合作者对女性创新者产生拒绝的态度，而这一系列的行为会让女性创新者的心态发生潜移默化的变化，甚至产生对自我的否定和消极心态，进而造成创新效率下降（Lammers等，2008；Smith等，2008）。下属和创新合作者的拒绝态度包括：①故意诋毁具有卓越创新能力的女性；②消极的非语言行为，例如在面对面交流过程中的负面肢体语言、面部表情；③消极的工作行为，甚至会挑战技术创新团队内部的工作规定，例如早退、旷工等；④直接冲突，在公开场合质疑并挑战女性创新者所提出的新观点。

当前已经有学者指出，刻板印象不仅会影响到他人对女性能力的感知，还会影响到女性自身。很多女性在工作中已经明显感觉到自己处在一个"双盲"（double blind）状态，如果符合女性行为特征，则会被视为缺乏匹配度、受到感知偏倚的影响；如果符合男性行为特征，则会受到回弹效应的影响，而同样不被认可和支持（Eagly等，2014；Heilman，2001；Heilman和Okimoto，2007；Heilman等，2004；Rudman和Glick，1999；2001）。也就是说，女性在从事一项事务时，她们在特定社会背景和行业背景下所要面临的判断、定型、限制和对待，都被捆绑在社会身份一致性的问题中（Purdie-Vaughns等，2008），而这种环境会不断增加女性的心理负担和压力，强化其自我否定感（Eagly和Karau，2002；Heilman，1995）。而这种心理状态会让女性在技术创新过程中表现得缺乏自信、过于关注结果，希望最大限度地规避风险和避免失败，不敢进行创新实验和尝试，这使得颠覆式创新和卓越的企业家精神变成一种奢望。

5.3.3 技术创新绩效的优势惩罚

Joshi等（2015）发现，女性在职场即使与男性表现出同样的能力，她们所获得的报酬、认可和晋升机会也明显不如男性。护士、小学教师等职业被固化为女性职业，而消防员、工程师、科学家等职业被固化为男性职业。一旦女性从事了男性职业，她们就会被认为匹配度低，进而其工作能力和绩效也不会被认可,甚至会面临"优势惩罚"(dominance penalty)。DiTomaso 等(2007)在美国对科学家和工程师进行的一项调查发现:在男性职业中,相对于其他人口亚组(白人女性、有色人种女性、移民),白人男性能够获得更多的职业发展机会和更高的绩效考核评价。Joshi 等(2015)也发现:在和其他同事有相同工作表现的情况下,男性科学家和工程师能够获得更高的绩效评价结果;在某些职业情景中,高教育水平的女性所获得的评价和口碑会比低教育水平的女性更低;男性能够比女性获得更多的项目合作机会。仍有很多人认为,在一些社会声望很高(高社会地位、高人力资本投入)的职业中,例如律师、工程师、物理学家等,男性和女性具有相近的能力水平,职业发展机会也相对公平。但其实女性同样会在这种职场环境中面对诸多障碍。这些障碍主要源于认知偏差(cognitive bias)。例如能力评价、绩效考核、口碑建立等(Auster,1989;Fiske 等,1991),女性在这些评价结果中,都经受着认知偏差所带来的负效应,她们的能力、成果、可获得的支持和资源都会大打折扣。

从职业晋升来看,女性面临的"玻璃天花板"就是一种体现。在企业管理中,女性很难成为企业的高层管理者或决策者,而处于中层管理岗位的居多,这种现象同样也在技术创新部门中有所体现。性别差异导致女性被自动划归到中低层的能力位置和职业位置(Rudman 和 Kilianski,2000),且具有更少的晋升机会。职业地位的缺失最终会导致话语权的丧失。

从职业风险来看,相较于男性,女性更有可能被推上危险且不稳定的职位。Ryan 和 Haslam(2005)利用对《财富》世界 500 强公司的实证研究数据,证实了"玻璃悬崖"的存在。在创新活动中,如果一项技术创新项目的成功率不高或前景不被看好,女性创新者就更有可能被提拔为该创新团队的领导者。产生这种现象的原因复杂多样:一方面,在危机面前,人们更容易认清现实,此时创新团队的成员不得不承认女性创新者的能力、更愿意认可女性创新者的角色合法性(Paustian-Underdahl 等,2014),并乐于提供配合与协助(Lyness 和 Thompson,1997;2000)。另一方面,从归因角度来看,团队成员倾向于将失败归咎于领导者的失误而非客观环境因素（白新文等，2006），因此，被提拔的女性创新者将很有可能成为团队失败结果的"替罪羊"，而其他成员则能够让自己处于"隔岸观火"的有利位置。

5.3.4 技术创新团队氛围

技术创新行为往往伴随着高投入、高风险、高失败率。而女性这种客观存在的性别类型，却常常被强行关联于负面或失败结果，也就是所谓的"红颜祸水"效应（beauty is beastly effect），而这种效应在技术创新活动中也有所体现。一旦技术创新活动没有取得预想的效果或被迫终止，女性成员的参与或某些失误常常就会被放大甚至被作为直接原因。从理论上看，"红颜祸水"源自角色匹配度的缺乏（Eagly，1987；Heilman，2001），女性最初就被认定为不具备创新能力、无法胜任创新工作，即使在工作中表现出了胜任力，她们也会被强行判定为"冷酷、好斗、自私、虚伪、阴险"的异类（Heilman 等，1995；Heilman 等，1989）。

技术创新领域仍然属于一个男性主导的领域，女性在这个领域所构建出的经验常常被视作是一种"分歧的意识"（bifurcated consciousness）；女性本身甚至面临自我冲突的窘境（Smith，1987；Oakley，2005）。从事技术创新事业的女性，虽然在不断进行突破和挑战，但是无法摆脱充斥着刻板印象的社会大背景，致使自身陷入一种矛盾的心理状态。而这种被歧视和自我否定的心理，催生出了"蜂后综合征"（queen bee syndrome）。"蜂后"指的是一个获得认可的女性创新者，很有可能为了巩固自己的权威和合法性而把自己同化为男性，从而成为性别歧视和刻板印象的捍卫者，比如和其他女性成员保持距离甚至打压其他女性成员（Kanter，1993；Staines 等，1974）。也就是说，女性刻板印象的威胁不仅来自男性、竞争对手、上司下属，还来自女性人口亚组内部的矛盾。

5.4 机会：女性刻板印象在技术创新行为中的效用

5.4.1 对技术创新的宽容倾向

在对女性刻板印象威胁的论述中，优势惩罚概念已经解释了女性在能力认知、认可和晋升过程中所面临的问题和偏倚。无论是上司、同事还是下属，他们都会对女性的创新能力持有怀疑态度，而个人创新能力这种文化资本也会由于客观化、身体化和制度化的性别获取障碍，成为女性进入创新行业的壁垒。即使得以顺利进入行业从事创新事业，由于身份不一致和合法性缺失，卓越女性创新者的被认可程度偏低，在与男性取得了同样绩效和成果的情况下，她们也不会得到和男性同等的报酬和晋升机会。

但是这种对女性创新者的低期望值也有机会被利用和扭转，表现在以下两个方面：

第一，反差效应。当上司对女性创新者在某项创新项目和技术上保持低期望值时，能够更加客观、合理地评价项目的风险和机会，可有效地避免女性创新者盲目自信、忽视创新风险的情况。而一旦创新项目获得成功，将会与最初的低期望值形成较大的反差，从而加剧对他人的认知冲击，有利于女性创新者形象的建立。

第二，宽容倾向。由于对女性创新者能力认知水平偏低，上司容易对其产生同情和包容的心理（张诚，2001；王宏维，1992），善待并包容他们所认为的弱势的"笨鸟先飞者"，即使最终结果是失败，他们也会倾向于对女性宽容。女性创新者在利用宽容倾向时，其实是变相地默认自身的弱势群体地位和刻板印象。刻板印象源自社会认知图式的构建，而图式的改变是一个长期而艰难的过程，对社会情景的重建有极高的要求。因此，在图式没有完全改变之前，应该为女性创新者建立创新容错机制、营造包容失败的氛围，形成有利于女性创新行为的组织气氛。

5.4.2 技术创新团队合作与协同

随着现代管理学的发展,高效的管理实践内容和方式已经悄然改变。在技术创新活动中,团队合作、知识共享、开放、合作、协同逐渐受到重视。创新团队中建设、授权、沟通、共享(Eagly 和 Sczesny,2009;Ansari 等,2014)等实践内容与女性的关系导向不谋而合。一方面,创新项目的复杂技术,需要团队内部进行更多、更深入的沟通与交流。另一方面,技术创新项目需要团队具备更多元化的知识结构,同时实施更深层次的知识运用与协同。在这个过程中,不同学科背景、教育水平、性格特点的人需要通过知识的相互碰撞和融合来实现创新成果;团队成员间需要形成深度信任与合作关系,完成知识分享。而这一系列的过程也对团队成员的沟通技巧、人际关系处理技巧以及同理心有了更高的要求。言下之意,以往备受歧视的关系导向女性形象恰巧符合了当前管理、团队合作和创新活动的素质要求。换言之,团队合作、协同创新的新趋势更需要关系导向的人才加入创新团队。这样,女性的角色一致性与合法性都会更容易得到认可。

5.4.3 技术创新风险的防御性保障

工作和家庭是个人生活重要的两个部分,而事业和婚姻也是个人积累社会资本的有效途径和方式。婚姻是陌生双方建立联系并相互担保的重要手段(王雯君,2005)。在以男性为主导的职业情景中,女性创新者在事业上所获得的社会资本明显少于男性,其心态也存在明显的敏感性。无论是在物质上还是在心理上,个人都希望从家庭或婚姻中获得保障。如果女性拥有稳定的家庭关系,就能获得家人的信息资源和社会网络资源等,同样也能从家庭关系中得到支持、信任和安全感(吴慧靖,2009)。这在很大程度上能够缓和女性在技术创新过程中所遭受的一系列由刻板印象所带来的负面影响。

女性创新者拥有社会和家庭双重身份,并在双重身份之间实现资源的相互传递。当女性在创新过程中遭遇失败时,她们能够在心理上获得家人的支持和鼓励。这种保障性的心理有助于缓解女性在创新过程中的不稳定心理和敏感情绪，同时能使她们更加果断地做出创新决策，并逐步调整其风险规避的偏好，形成正确的创新风险观。

5.4.4 启动女性创新者的积极身份特征

女性创新者是女性在家庭、劳动力市场和社会空间中价值释放的典型。她们在家庭中承担着家务责任、在职场上面临与男性同场竞争的职业压力，需要在不同的场景下进行不同的身份建构和重构。身份的可建构性决定了身份的多重性（李京桦，2015）。有学者通过实验发现，刻板印象往往只会在一个人口亚组中产生。例如，黑人女性就可以避开女性的刻板印象，因为人们很容易将其划归到"黑人"的人口亚组，因而性别变量的影响将不再显著，种族变量的影响较为明显，并让周围人产生"强大的黑人女性"（strong black woman）的印象（Livingston 等，2012；Biernat 和 Sesko，2013）。

女性创新者拥有跨亚组身份的可能，她们不仅能够拥有卓越创新者、贤惠妻子、慈爱母亲等社会身份，还能够拥有民族亚组身份、年龄亚组身份、家族身份等。不同的亚组具有不同的预设形象。如果女性想要避免创新者身份的不一致性，则可以启动其他身份中的积极身份特征，突出强调正面自我特质，在不损害女性特质的基础上降低对不一致性和非合法性的认知，使平等、独立、自尊的女性形象得到他人的认可，并且防止女性自身产生"认同身份"的危机感和无根感。

而如何启动积极身份、建构自我身份，是社会认同理论中重点研究的内容。个人会倾向于建构符合群体特征的个人身份，通常使用的方法是：通过社会分类方法，将自我纳入某个类别，并通过反复强调和加强来实现自我定型和身份建立。但是，与此不同的是，女性创新者的身份建构并不是为了符合创新者的群体特征，而是旨在通过其他积极身份的建立来淡化自己的女性亚组身份，降低身份不一致性，增强归属感和安全感（费孝通，1998）。一般情况下，女性在自我、家庭和社会中有以下几种亚组身份选择（杨晓燕，2002；黄庐进，

2012）：家庭自我、情感自我、心灵自我、表现自我和发展自我，如表 5-2 所示。

表 5-2 女性身份选择

自我的重要性	行为特点	所属环境	社会身份	理想状态
家庭自我	家庭为主，典型的贤妻良母	家庭	家庭成员	贤惠、慈爱、温柔
情感自我	追求个人情感满足	家庭、社会	伙伴、爱人	友好、和睦
心灵自我	追求内在心灵自由、安详	自我	精神个体	自由、幸福、满足
表现自我	追求时尚、喜欢交际	社会	社交成员	时尚、合群、受欢迎
发展自我	追求事业成功、目标导向	社会	事业个体	成功、独立、自信

资料来源：杨晓燕 . 2002. 中国女性自我概念与消费态度 [J]. 南方经济 , (11)：67-69; 黄庐进 . 2012. 自我概念下的社会身份理论及其拓展 [J]. 求索 , (12)：188-190。

自我身份的建构受身体、行业、性别、心理特质、道德和意识形态等因素的影响（Waterman，1982；Deaux，2015）。女性在家庭环境中的家庭自我和情感自我，会更加注重自己母亲、妻子和女儿身份的建立，形成贤惠、慈爱、温柔、友好、和睦、受欢迎的个人特质；在社会环境中的表现自我和发展自我，会形成成功、独立、自信、时尚、合群的伙伴、同事和朋友形象，这些形象往往通过女性的外在形象、个人魅力和事业发展显现出来。但这些形象被纳入创新情景和性别身份时，会与身份和情景形成一定的冲突而呈现出分歧，无法达到工作和性别之间的平衡点。因此，当女性创新者发现创新的职业情景与女性身份存在冲突时，应该及时改变自己的身份定位，启动自己其他环境中的积极身份，淡化已有的女性创新者身份，通过其他积极身份的塑造来实现自我身份的建构，并将该身份所获得的资源转移到女性创新者身份中加以使用。森（2009）指出，当前很多人倾向于用单一的、鲜明的标准来对个人身份进行划分，但是人的身份往往是多重的、复杂的；人的身份虽然在垂直空间上的变动不大，但是可以在横向空间上进行变化，例如不断开发个人的兴趣、爱好、政治身份等，从而为职业身份提供调整的空间。

参考文献

AGNETE ALSOS G, LJUNGGREN E, HYTTI U. 2013. Gender and innovation：state of the art and a research agenda[J]. International Journal of Gender and Entrepreneurship, 5(3)：236-256.

ALSOS G A, LJUNGGREN E, HYTTI U.2013. Gender and innovation：state of the art and a research agenda[J]. International Journal of Gender & Entrepreneurship, 5(3)：236-256.

ANSARI S, REINECKE J, SPAAN A. 2014. How are practices made to vary? Managing practice adaptation in a multinational corporation[J]. Organization Studies, 35(9)：1313-1341.

ARONSON J，QUINN D M，SPENCER S J.1998.Stereotype threat and the academic underperformance of minorities and women[M]// SWIM J K, STANGOR C. Prejudice：the target's perspective. Salt Lake City：Academic Press, 83-103.

AUSTER E R.1989. Task characteristics as a bridge between macro- and microlevel research on salary inequality between men and women[J]. The Academy of Management Review, 14(2)：173-193.

BARRETO M, RYAN M K, SCHMITT M T.2009.The glass ceiling in the 21st century：understanding barriers to gender equality[M]. Washington D.C.：American Psychological Association.

BELL A E, SPENCER S J, ISERMAN E, et al.2003. Stereotype threat and women's performance in engineering[J]. Journal of Engineering Education, 92(4)：307-312.

BIERNAT M, FUEGEN K.2001.Shifting standards and the evaluation of competence：complexity in gender-based judgment and decision making[J]. Journal of Social Issues, 57(4)：707-724.

BIERNAT M, SESKO A K. 2013.Evaluating the contributions of members of mixed-sex work teams：race and gender matter[J]. Journal of Experimental Social Psychology, 49(3)：471-476.

BOURDIEU P. 1977. Outline of a theory of practice[M]. Cambridge：Cambridge University Press.

BRESCOLL V L, DAWSON E, UHLMANN E L. 2010.Hard won and easily lost：the fragile status of leaders in gender-stereotype-incongruent occupations[J]. Psychological Science, 21(11)：1640-1642.

BRESCOLL V L, UHLMANN E L. 2008.Can an angry woman get ahead? Status conferral, gender, and expression of emotion in the workplace[J]. Psychological Science, 19(3)：268-275.

BRESCOLL V L.2011.Who takes the floor and why：gender, power, and volubility in organizations[J]. Administrative Science Quarterly, 56(4)：622-641.

BURGESS D, BORGIDA E. 1999.Who women are, who women should be：descriptive and prescriptive gender stereotyping in sex discrimination[J]. Psychology, Public Policy, and Law, 5(3)：665-692.

CARR P B, STEELE C M. 2009.Stereotype threat and inflexible perseverance in problem solving[J]. Journal of Experimental Social Psychology, 45(4)：853-859.

CARR P B, STEELE C M.2010. Stereotype threat affects financial decision making[J]. Psychological Science, 21(10)：1411-1416.

COHEN G L, GARCIA J.2008. Identity, belonging, and achievement：a model, interventions, implications[J]. Current Directions in Psychological Science, 17(6)：365-369.

COLLINS P H. 1986.Learning from the outsider within：the sociological significance of black feminist thought[J]. Social Problems, 33(6)：s14-s32.

COOK J A, FONOW M M.1986.Knowledge and women's interests：issues of epistemology and methodology in feminist sociological research[J]. Sociological Inquiry, 56(1)：2-29.

CUMMINGS L L, STAW B M.1983.Research in organizational behavior[M]. Amsterdam：Elsevier.

DEAUX K.2015.Social identity in sociology[M]//WRIGHT J D. International encyclopedia of the social & behavioral sciences. Amsterdam：Elsevier Ltd, 319-324.

DITOMASO N, POST C, SMITH D R, et al. 2007.Effects of structural position on allocation and evaluation decisions for scientists and engineers in industrial R&D[J]. Administrative Science Quarterly, 52(2)：175-207.

DODGE K A, GILROY F D, FENZEL L M.1995.Requisite management characteristics revisited：two decades later[J]. Journal of Social Behavior and Personality, 10(6)：253-264.

EAGLY A H, GARTZIA L, CARLI L L.2014.Female advantage：revisited[M]//KUMRA S, SIMPSON R, BURKE R J. The Oxford handbook of gender in organizations. New York：Oxford

University Press, 153-174.

EAGLY A H, KARAU S J.1991.Gender and the emergence of leaders: a meta-analysis[J]. Journal of Personality and Social Psychology, 60(5): 685-710.

EAGLY A H, KARAU S J.2002.Role congruity theory of prejudice toward female leaders[J]. Psychological Review, 109(3): 573-598.

EAGLY A H, MAKHIJANI M G, KLONSKY B G.1992.Gender and the evaluation of leaders: a meta-analysis[J]. Psychological Bulletin, 111: 3-22.

EAGLY A H, SCZESNY S.2009.Stereotypes about women, men, and leaders: have times changed?[M]//BARRETO M, RYAN M K, SCHMITT M T. The glass ceiling in the 21st century: understanding barriers to gender equality. Washington D.C.: American Psychological Association, 28-36.

EAGLY A H.1987.Sex differences in social behavior: a social-role interpretation[M]. Mahwah: Lawrence Erlbaum Associates.

FISKE S T, BERSOFF D N, BORGIDA E, et al. 1991.Social science research on trial: use of sex stereotyping research in Price Waterhouse v. Hopkins[J]. American Psychologist, 46(10): 1049-1060.

FITZSIMMONS T W, CALLAN V J, PAULSEN N. 2014.Gender disparity in the C-suite: do male and female CEOs differ in how they reached the top? [J]. The Leadership Quarterly, 25(2): 245-266.

FOSCHI M. 2000. Double standards for competence: theory and research[J]. Annual Review of Sociology, 26: 21-42.

GEIS F L, BROWN V, JENNINGS J, et al.1984.TV commercials as achievement scripts for women[J]. Sex Roles, 10: 513-525.

GLICK P, FISKE S T.1999.The Ambivalence toward men inventory: differentiating hostile and benevolent beliefs about men[J]. Psychology of Women Quarterly, 23(3): 519-536.

GOOD C, ARONSON J, HARDER J A.2008.Problems in the pipeline: stereotype threat and women's achievement in high-level math courses[J]. Journal of Applied Developmental Psychology, 29(1): 17-28.

HARDING S G. 1987.Feminism and methodology: social science issues[M]. Bloomington: Indiana University Press.

HEILMAN M E, BLOCK C J, MARTELL R F, et al. 1989.Has anything changed? Current characterizations of men, women, and managers[J]. Journal of Applied Psychology, 74(6): 935-942.

HEILMAN M E, BLOCK C J, MARTELL R F. 1995.Sex stereotypes：do they influence perceptions of managers? [J]. Journal of Social behavior and Personality, 10(6)：237-252.

HEILMAN M E, OKIMOTO T G. 2007.Why are women penalized for success at male tasks?：the implied communality deficit[J]. Journal of Applied Psychology, 92(1)：81-92.

HEILMAN M E, WALLEN A S, FUCHS D, et al.2004. Penalties for success：reactions to women who succeed at male gender-typed tasks[J]. Journal of Applied Psychology, 89(3)：416-427.

HEILMAN M E. 1983.Sex bias in work settings：the lack of fit model[M]//CUMMINGS L L, STAW B M. Research in Organizational Behavior. Greenwich：JAI Press, 269-298.

HEILMAN M E. 1995.Sex stereotypes and their effects in the workplace：what we know and what we don't know[J]. Journal of Social Behavior and Personality, 10(6)：3-26.

HEILMAN M E.2001.Description and prescription：How gender stereotypes prevent women's ascent up the organizational ladder[J]. Journal of Social Issues, 57(4)：657-674.

HEILMAN M E.2012.Gender stereotypes and workplace bias[J]. Research in Organizational Behavior, 32：113-135.

HOYT C L, MURPHY S E. 2016. Managing to clear the air：stereotype threat, women, and leadership[J]. The Leadership Quarterly, 27(3)：387-399.

INZLICHT M, BEN-ZEEV T. 2000. A threatening intellectual environment：why females are susceptible to experiencing problem-solving deficits in the presence of males[J]. Psychological Science, 11(5)：365-371.

JOSHI A, SON J, ROH H. 2015.When can women close the gap? A meta-analytic test of sex differences in performance and rewards[J]. The Academy of Management Journal, 58(5)：1516-1545.

KANTER R M.1993. Men and women of the corporation：new edition[M]. New York：Basic Books.

KATZ R, ALLEN T J.1982.Investigating the Not Invented Here (NIH) syndrome：a look at the performance, tenure, and communication patterns of 50 R&D project groups[J]. R&D Management, 12(1)：7-20.

KOURANY J A. 2002. The gender of science[M]. New Jersey：Prentice Hall.

KUMRA S, SIMPSON R, BURKE R J. 2014.The Oxford handbook of gender in organizations[M]. New York：Oxford University Press.

LAMMERS J, GALINSKY A D, GORDIJN E H, et al. 2008. Illegitimacy moderates the effects of power on approach[J]. Psychological Science, 19(6)：558-564.

LIVINGSTON R W, ROSETTE A S, WASHINGTON E F.2012. Can an agentic black woman get ahead? The impact of race and interpersonal dominance on perceptions of female leaders[J]. Psychological Science, 23(4): 354-358.

LOGEL C, WALTON G M, SPENCER S J, et al. 2009.Interacting with sexist men triggers social identity threat among female engineers[J]. Journal of Personality and Social Psychology, 96(6): 1089-1103.

LYNESS K S, THOMPSON D E. 1997.Above the glass ceiling? A comparison of matched samples of female and male executives[J]. Journal of Applied Psychology, 82(3): 359-375.

LYNESS K S, THOMPSON D E. 2000. Climbing the corporate ladder: do female and male executives follow the same route?[J]. Journal of Applied Psychology, 85(1): 86-101.

MARX D M, STAPEL D A, MULLER D. 2005. We can do it: the interplay of construal orientation and social comparisons under threat[J]. Journal of Personality and Social Psychology, 88(3): 432-446.

MCGLONE M S, PFIESTER R A. 2015. Stereotype threat and the evaluative context of communication[J]. Journal of Language and Social Psychology, 34(2): 111-137.

MILLMAN R M, KANTER M. 1975. Another voice: feminist perspectives on social life and social science[M]. New York: Anchor Books.

OAKLEY A. 2005. Interviewing women: a contradiction in terms? [M]//OAKLEY A.The Ann Oakley reader: gender, women and social science. Bristol: Policy Press, 217-232.

OWEN R, MACNAGHTEN P, STILGOE J.2012. Responsible research and innovation: from science in society to science for society, with society[J]. Science and Public Policy, 39(6): 751-760.

PARKS-STAMM E J, HEILMAN M E, HEARNS K A.2008.Motivated to penalize: women's strategic rejection of successful women[J]. Personality and Social Psychology Bulletin, 34(2): 237-247.

PAUSTIAN-UNDERDAHL S C, WALKER L S, WOEHR D J. 2014. Gender and perceptions of leadership effectiveness: a meta-analysis of contextual moderators[J]. Journal of Applied Psychology, 99(6): 1129-1145.

PEREL M.2002.One point of view: Corporate courage: Breaking the barrier to innovation[J]. Research-Technology Management, 45(3): 9-17.

PHELAN J E, MOSS-RACUSIN C A, RUDMAN L A. 2008.Competent yet out in the cold: shifting criteria for hiring reflect backlash toward agentic women[J]. Psychology of Women Quarterly, 32(4): 406-413.

PURDIE-VAUGHNS V, STEELE C M, DAVIES P G, et al. 2008. Social identity contingencies: how diversity cues signal threat or safety for African Americans in mainstream institutions[J]. Journal of Personality and Social Psychology, 94(4): 615-630.

RUDMAN L A, GLICK P. 1999.Feminized management and backlash toward agentic women: The hidden costs to women of a kinder, gentler image of middle managers[J]. Journal of Personality and Social Psychology, 77(5): 1004-1010.

RUDMAN L A, GLICK P. 2001.Prescriptive gender stereotypes and backlash toward agentic women[J]. Journal of Social Issues, 57(4): 743-762.

RUDMAN L A, KILIANSKI S E. 2000. Implicit and explicit attitudes toward female authority[J]. Personality and Social Psychology Bulletin, 26(11): 1315-1328.

RUDMAN L A, MOSS-RACUSIN C A, PHELAN J E, et al. 2012.Status incongruity and backlash effects: defending the gender hierarchy motivates prejudice against female leaders[J]. Journal of Experimental Social Psychology, 48(1): 165-179.

RUDMAN L A, PHELAN J E. 2008. Backlash effects for disconfirming gender stereotypes in organizations[J]. Research in Organizational Behavior, 28: 61-79.

RUDMAN L A. 1998.Self-promotion as a risk factor for women: the costs and benefits of counterstereotypical impression management[J]. Journal of Personality and Social Psychology, 74(3): 629-645.

RYAN M K, HASLAM S A.2005. The glass cliff: evidence that women are over-represented in precarious leadership positions[J]. British Journal of Management, 16(2): 81-90.

SCHMADER T.2002.Gender identification moderates stereotype threat effects on women's math performance[J]. Journal of Experimental Social Psychology, 38(2): 194-201.

SHAPIRO J R, NEUBERG S L. 2007. From stereotype threat to stereotype threats: implications of a multi-threat framework for causes, moderators, mediators, consequences, and interventions[J]. Personality and Social Psychology Review, 11(2): 107-130.

SHAPIRO J R, WILLIAMS A M. 2012. The role of stereotype threats in undermining girls' and women's performance and interest in STEM fields[J]. Sex Roles, 66(3-4): 175-183.

SMITH D E. 1987. The everyday world as problematic: a feminist sociology[M]. Toronto: University of Toronto Press.

SMITH P K, JOST J T, VIJAY R. 2008. Legitimacy crisis? Behavioral approach and inhibition when power differences are left unexplained[J]. Social Justice Research, 21(3): 358-376.

SPENCER S J, STEELE C M, QUINN D M.1999.Stereotype threat and women's math performance[J]. Journal of Experimental Social Psychology, 35(1)：4-28.

STAINES G, TAVRIS C, JAYARATNE T E. 1974.The queen bee syndrome[J]. Psychology Today, 7(8)：55-60.

STEELE J R, AMBADY N. 2006."Math is Hard!"The effect of gender priming on women's attitudes[J]. Journal of Experimental Social Psychology, 42(4)：428-436.

SUTCLIFFE H, DIRECTOR M. A report on responsible research & innovation[R/OL].（2011-05-16）[2023-06-12]. https://www.diss.unimi.it/extfiles/unimidire/243201/attachment/a-report-on-responsible-research-innovation.pdf.

VIAL A C, NAPIER J L, BRESCOLL V L. 2016. A bed of thorns：female leaders and the self-reinforcing cycle of illegitimacy[J]. The Leadership Quarterly, 27(3)：400-414.

WALTON G M, COHEN G L. 2007. A question of belonging：race, social fit, and achievement[J]. Journal of Personality and Social Psychology, 92(1)：82-96.

WATERMAN A S. 1982. Identity development from adolescence to adulthood：an extension of theory and a review of research[J]. Developmental Psychology, 18(3)：341-358.

WRIGHT J D.2015.International encyclopedia of the social & behavioral sciences[M]. 2nd ed. Amsterdam：Elsevier.

白新文，王二平，周莹，等 . 2006. 团队作业与团队互动两类共享心智模型的发展特征 [J]. 心理学报，(4)：598-606.

陈劲，郑刚 . 2013. 创新管理：赢得持续竞争优势 [M]. 2 版 . 北京：北京大学出版社 .

陈劲 . 2016. 原始创新 文化支撑 [J]. 清华管理评论，(6)：1.

陈劲 . 2017. 企业创新生态系统论 [M]. 北京：科学出版社 .

费孝通 . 1998. 从反思到文化自觉和交流 [J]. 读书，(11)：4-10.

辜胜阻，庄芹芹 . 2016. 资本市场功能视角下的企业创新发展研究 [J]. 中国软科学，(11)：4-13.

黄庐进 . 2012. 自我概念下的社会身份理论及其拓展 [J]. 求索，(12)：188-190.

李京桦 . 2015. 各民族相互嵌入式社会建设中多重身份考量 [J]. 西南民族大学学报（人文社科版），(9)：27-32.

李培林 . 2004. 对性别研究和女性主义的认识 [J]. 妇女研究论丛，(5)：61-62.

梅亮，陈劲 . 2015. 责任式创新：源起、归因解析与理论框架 [J]. 管理世界，(8)：39-57.

梅亮，陈劲 . 2016. 负责任创新：时域视角的概念、框架与政策启示 [J]. 科学学与科学技术管理, (5): 17-23.

钱颖一. 2016. 众创时代, 更需要对创新思维的创新 [J]. 人力资源, (2): 95.

秦启文, 余华. 2001. 性别角色刻板印象的调查 [J]. 心理科学, 24(5): 593-594.

森. 2009. 身份与暴力: 命运的幻象 [M]. 李风华, 陈昌升, 袁德良, 译. 北京: 中国人民大学出版社.

王宏维. 1992. 女性社会参与的层次化理解 [J]. 妇女研究论丛, (2): 33-37.

王沛, 陈学锋. 2003. 刻板印象的意识性抑制 [J]. 心理学报, (3): 358-361.

王沛. 2002. 内隐刻板印象研究综述 [J]. 心理科学进展, (1): 97-101.

王雯君. 2005. 婚姻对女性族群认同的影响: 以台湾闽客通婚为例 [J]. 思与言: 人文与社会科学杂志, (2): 119-178.

吴慧靖. 2009. 工作、经济独立、婚姻、女性就业与离婚风险 [D]. 台北: 台北大学.

徐大真. 2003. 性别刻板印象之性别效应研究 [J]. 心理科学, (4): 741-742.

亚当, 等. 2005. 风险社会及其超越: 社会理论的关键议题 [M]. 赵延东, 马缨, 译. 北京: 北京出版社.

杨晓燕. 2002. 中国女性自我概念与消费态度 [J]. 南方经济, (11): 67-69.

杨洼人, 邹效维. 2008. 论人文关怀的文化内涵 [J]. 学习与探索, (2): 47-49.

叶文振, 刘建华, 杜鹃, 等. 2003. 中国女性的社会地位及其影响因素 [J]. 人口学刊, (5): 22-28.

易显飞, 张裔雯. 2013. 论技术创新的"女性缺席" [J]. 自然辩证法研究, (6): 125-128.

张诚. 2001. 转型改制中的女性就业研究 [J]. 江西社会科学, (7): 53-57.

中共中央文献研究室. 2016. 习近平关于科技创新论述摘编 [M]. 北京: 中央文献出版社.

可行创新能力：女性创新者的发展

为了充分调动女性创新者在技术创新领域的能动性和创造力、挖掘人才的创新潜力和活力，本章以阿马蒂亚·森提出的"可行能力"作为分析工具和理论基础，提出了女性创新者"可行创新能力"的概念，并开发了女性创新者在技术创新情境中解除约束状态、拓展可行创新能力的发展路径：① 用"可行创新能力"来表征女性创新者在技术创新过程中所实质拥有的个体素质、个体能动性、参与机会、合作机会、创新资源供给、基本保障、社会支持度等。其优越之处在于不仅强调创新者个体素质，还强调个体真实面对的技术创新情景以及实际中能够行使的创新行为，重视实事求是。② 开发了女性创新者在技术创新情境中"约束状态→可行创新能力的建构→全面发展"的发展路径，回顾并划分了女性创新者的四种约束状态（隐匿、矛盾、孤立与自卑），以"女性创新者全面发展"为最终目的，从创新者主体地位和能动性出发，用"工具性创新能力"来解除女性创新者所面临的约束状态，用"可行创新能力"来衡量女性创新者的发展。

本章所提出的个体维度上的"女性创新者的可行创新能力"，是创新管理研究中同时引入性别维度和人文关怀维度的尝试。"可行创新能力"有别于以往关于创造力与（团队、企业、区域、国家）创新能力的研究，它以创新资源、能力和行为的可行性与实质性作为考量基础，强调环境约束和实际情景对个体创新能力的影响。而对女性创新者的关注，是鉴于女性创新者在技术创新情景中的劣势，以期通过对约束状态和技术创新过程的考察来建立创新管理中的人文观。

6.1 技术创新情景中女性创新者的约束状态[①]

在早期的创新管理研究中,创新通常被认为是性别中性的,主要原因在于创新管理很少关注创新者、更少关注女性创新者。之所以要提出女性创新者的"可行创新能力",是因为女性创新者的约束状态。可行的反面即不可行,没有约束就不存在可行与不可行之分。因此,分析女性创新者的约束状态,既是建构"可行创新能力"的基础,也是探讨其可行性和实质性的重要内容。关于技术创新情景中女性创新者的约束状态,我们通过文献整理汇总得到了如表6-1所示的关键词及结果,并划分出了四种约束状态。

表6-1 技术创新情景中女性创新者的约束状态划分

关键词	结果	约束状态
高管/董事会/团队的占比;管漏现象;离职;职业进入壁垒;招聘歧视	操作性性别比[*]下降	隐匿
性别鸿沟;工作满意度;薪酬差异;绩效差异	离职、操作性性别比下降	
刻板印象;性别歧视;性别排斥	各类评价偏倚	
工作-家庭平衡;生育;家庭责任;女性生命周期与职业生涯	两难选择	矛盾
社会网络;家族;同质化	社会关系单调	孤立
身份合法性;社会排斥;刻板印象	社交关系单调	
风险偏好;行为方式;性格特点	风险厌恶	自卑

* 某一特定生态环境内处于繁殖期的同一物种雄性和雌性数量比例,在生物学中被称为操作性性别比。在进化心理学研究中,操作性性别比对社会的经济行为、亲本投资、竞争等行为的影响较大。

---

① 本节内容源于本书两位作者已发表论文:吴欣桐,陈劲,朱子钦. 2020. 管理研究中的女性形象:基于管理学国际期刊的文献分析[J]. 外国经济与管理,42(11):64-80。

6.1.1 隐匿的女性创新者

操作性性别比、管漏现象和性别鸿沟能够解释女性创新者在技术创新领域"隐匿"（invisible me）的现象。

职业领域的操作性性别比受到流入和流出人数的双重影响。从流入角度来看，招聘过程中的性别歧视使得女性创新者成为技术创新团队中的少数派。这种操作性性别比更多地来自教育选择差异，尤其是在工程技术领域（Carli，2016）。目前有两种截然不同的观点来解释教育选择差异，一种强调女性先天禀赋劣于男性（Kimura，1992），但这并没有得到实验结果支持；另一种则强调环境形塑、后天培养和教育等社会建构因素的影响（Harrison，2001）。从流出角度来看，美国国家科学基金会对 1981—2003 年博士学位获得者的统计调查显示，管漏现象存在于所有学科中。根据 Goulden 等（2011）关于学术领域女性职业生命周期的研究成果，是否结婚、是否生育对女性职业发展都有显著影响。超强度工作、工作与家庭的冲突、被孤立状态、工作压力、工资差距、创新的高风险、优胜劣汰机制和性别歧视等都使得学术研究领域无法留住女性（Fouad 等，2011）。Clark（2005）指出，女性流出数量和性别不平衡状况可以在 STEM 领域中被直接观察到。英国每年都会统计不同科研职位的性别比例，以此作为科技创新增长潜力的衡量标准，而非使用研发指标或成果引用指标，例如下载量、转载量、引用量、成果视频浏览量等交互行为指标（Perkmann 等，2013）。工资的性别鸿沟正是劳动力市场性别歧视、工作绩效评估偏倚的结果。经济收入水平和财富积累程度是衡量个人生活水平的重要因素。对于女性创新者而言，收入是否稳定、分配是否公平、财富积累是否充足，都会影响到女性创新者的一系列创新决策，例如是否启动高风险的创新项目、是否创业等。如果职业收入水平低、自身的财富积累程度不高，女性创新者就会逐渐退出创新领域而"隐匿"。

6.1.2 矛盾的女性创新者

"矛盾"(paradoxical me)主要来自对是否婚育以及事业与家庭的选择。

较之男性,女性在从事创新工作时具有性别特殊性:①女性的最佳育龄期也是创新活动和创新产出的爆发期,女性创新者不得不决定是否生育、是否延迟生育、是否回归家庭(Evetts,1996)。②"男主外、女主内"的观念让女性不得不在雄心壮志和家庭责任之间做出时间和精力的平衡分配。相较于其他工作,技术创新工作给女性带来的压力更大,为女性实现平衡分配增加了难度。③技术创新的实验研究周期越来越长,要求阅读的文献数量和投入的时间也在增加,这也给那些需要规律性作息生活的家庭妇女关上了职业大门。④女性会由于怀孕、照顾儿童、照料老人而选择中断事业甚至离职。由于性别歧视、刻板印象、长时间加班、工作—家庭不平衡、无法负担和获得托儿服务以及过多地承担家庭责任等原因,一旦女性离职时间过长,就很难再有机会在婚后获得再教育或培训机会,也将无法继续积累人力资本,实现再就业的难度很大(Jackson,1991)。

工作和家庭的冲突主要来自三个方面(Greenhaus 和 Beutell,1985):①时间冲突,即个人时间在工作和家庭之间的分配;②压力转移,即个人会把从一个领域受到的压力发泄到另一个领域;③行为差异,即工作和家庭的行为方式具有差别。具体到技术创新领域,工作和家庭生活的冲突与不平衡会影响到创新者是否从事创新活动以及对创新工作的投入度(Deemer 等,2014)。由于创新工作是一项长期、持续、困难、耗费大量时间和精力的活动,工作时间不规律、工作内容复杂且难度很大,因此会占用大量的私人生活时间。工作和家庭生活之间的平衡状况会影响到个人心理状态和社会评价。

6.1.3 孤立的女性创新者

"孤立"(isolated me)状态源于社会身份合法性的缺乏,其理论依据包括身份不一致性假设与角色一致性理论。

身份不一致性假设和角色一致性理论都通过社会认知图式给定了男性和女性的社会身份预设,一旦个体不符合这个预设形象,就会导致"合法性"的缺失。女性创新者的身份往往意味着具有超高的智力、逻辑推理能力、理性思考能力、分析能力,这使得她们的身份、角色与社会预设形象产生冲突,违反认知图式会引起他人的心理不适,进而招致抵触和指责等社会排斥。在技术创新活动中,社会排斥表现为创新团队内部、上司下属关系不和谐等,团队合作、信息分享、知识互补、风险偏好、创新项目评估都会受到负面影响,甚至还会产生由性别引发的招聘排斥、借贷排斥、外貌排斥、文化排斥等。刻板印象在概念上与社会排斥较为相似,有所区别的是,刻板印象属于社会认知偏向,社会排斥则属于情感反应和行为偏向。因此,女性创新者所遭受的身份合法性不足、性别刻板印象威胁(吴欣桐等,2017)和技术创新情景中的性别排斥能够粗略地被划归为同类但不同程度的冲突。

STEM 领域的技术创新项目需要复杂而多样化的资源支持。在研究创新的社会资源支持时,常常是以资源依赖理论和资源动员理论作为分析框架。获得交叉学科专家与技术团队支持的途径,往往是将技术外包给具有比较优势的研发机构或高校。在角色承担上,男性的社会网络范围大、多样化、资源丰富,而女性的社会网络却不具有广泛性、复杂性、异质性的特征。女性的社会网络范围更小且多为亲属、同族联系(McPherson 等,2001),过于同质化的社会网络应用到团队或组织中,会直接影响到组织资源运营机制、组织开放性、开放与协同创新程度(Marvel 等,2015)。另外,生命周期也会造成社会网络的性别差异。女性的育龄期常常是其社交瓶颈阶段,社会网络发展停滞不前;进入保育阶段,女性需要与家族内建立联系,从而形成了更强的同族支配型(kin-dominant)社会网络。女性一旦在家庭与工作责任中失去平衡,就会同时在社会和职业领域内遭到孤立与指责,也难以抽身去拓展社会网络。因此,她们只能是已有网络的维系者,而非开拓者。

6.1.4 自卑的女性创新者

"自卑"（little me）主要体现在技术创新的风险偏好。技术创新行为具有高风险的特征，受到大量不确定性因素的影响，例如技术难度、未来技术发展趋势、市场潜力与市场需求变化、客户的接纳程度、竞争对手的研发速度和竞争压力等（Hellström，2003）。并且，创新者一直都在非结构化和非程式化的环境中工作，风险偏好对技术创新工作和创新者个人心理状态都有显著的影响。而性别对风险偏好程度、风险感知和风险行为均有显著影响。通常地，女性创新者会因生理因素、社会化程度、社会经历、教育程度、对自身能力的怀疑以及对自身受约束状态的感知而缺乏自信并厌恶风险，形成过度悲观、低估大概率事件、相信小概率事件等心理状态，进而难以发现潜在的市场机会、厌恶颠覆式创新和各种跨界突破。如果女性创新者长时间处在高风险的心理状态下，就会对可能遭受的伤害与威胁产生担忧和焦虑（陆静怡和王越，2016），由此引发的紧张感和压迫感会影响工作绩效、降低工作满意度，甚至影响生活质量，离职可能性也会显著增大。

6.2 可行创新能力

6.2.1 创新能力

早期关于创新者创新能力的研究，都是将创新能力作为一种先天性的生理特征，通过对杰出创新者的传记研究来展示天才们的超群创造力。个体创新能力的英文多采用"Creativity"而不是"Innovation Ability"，换言之，在个体层面上，创新能力更加关注创意和新观念的产生，强调知识和智慧的流动与爆发，而缺少经济上、生产上技术创新和产品创新的含义。Galton（1869）出版了专著《遗传的天赋：规律及结果研究》(*Hereditary Genius：An Inquiry into Its Laws and Consequences*)，其中采用历史学测量方法来测定杰出历史人物的创新能力。随后 Simonton（1975）和 Goertzel（1978）都通过传记研究发现了人口学变量对于创新能力的重要影响。然而，传记分析有着无法逾越的困难：环境资料和历史背景的控制变量难以识别和控制，这就无法从理论上去建立并解释与创新能力相关的因果关系和机制（Barron 和 Harrington，1981）。也就是说，传记分析对于因果关系和理论建构的贡献力十分有限。

随着领导特质理论的发展，研究者开始关注创新者的人格特质，主要借助量表开发来进行人格特质的测量和差异分析。知识、认知能力、认知风格、个性、品格等都是反映创新能力的指标，都被认为是创新行为的前因。Kirton（1976）将个体分成创新者（innovator）和适配者（adaptor），开发了柯顿适应-创新认知风格量表（Kirton Adaption-Innovation Inventory）。Kwang 和 Rodrigues（2002）借助大五人格量表分析了创新者和适配者在外向性（extraversion）、神经质（neuroticism）、开放性（openness）、宜人性（agreeableness）、尽责性（conscientiousness）这五方面的不同。与创新者相比，适配者明显更尽责，而创新者则明显更外向和开放。在情绪稳定性和随和性方面，两者没有明显的差异。Woodman 和 Schoenfeldt（1989）提出，具有高度创新能力的人往往具备内部控制点（an internal locus of control）和较高的自我效能感（self-efficacy）。研究者都期望设计一套能够适用于多个行业领域的完善的创新能力量表并确立创新者的核心个性特征。这些核心个性特征包括精力、诚实、独立性、好奇心、自信心、直觉力、自主性、问题导向的思考能力、韧性、自我意识等（Barron 和 Harrington，1981；Amabile，1988）。

之后的研究发现，虽然个人特质只承担了创新能力的部分解释（Martindale，1989），但是也不能因此在研究中完全摒弃对个体层面创新能力的研究和对杰出个体的分析。在创新者中，企业家是卓越的代表，企业家精神（Corporate Entrepreneurship，CE）是富有勇气、创新、变革的个人特质的集中体现（Stevenson 和 Jarillo，1990），它能够给组织带来新市场、新商业机会和新想法，是创新的源泉之一（Schumpeter，2000；Guth 和 Ginsberg，1990）。企业家精神能够为组织提供一种处理复杂性和高度不稳定性问题的机制，即通过持续性探索学习、内部适应性创新将已有知识转化为新产品、新服务、新流程、新管理体系

(Morris、Kuratko 和 Covin，2010；Eisenhardt 和 Tabrizi，1995；Schumpeter，2013）。随着技术进步，企业家精神需要不断拓展其社会背景：高度复杂化的组织网络、纷繁复杂的信息处理流程让信息共享和组织学习变得异常复杂，企业家精神也在发生适应性的变化。Turner 和 Pennington（2015）针对当前组织网络化、复杂化的管理现状，提出了企业家精神的三类变量，并借助知识共享和组织学习完成对组织创新的贡献，其过程如图 6-1 所示。

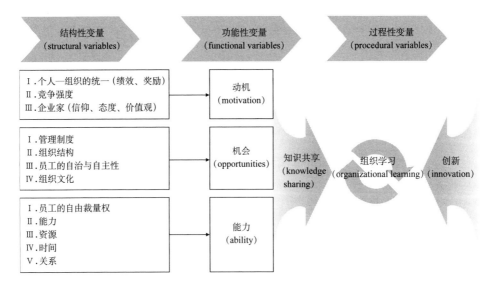

图 6-1　企业家精神与创新过程

资料来源：TURNER T, PENNINGTON W W.2015.Organizational networks and the process of corporate entrepreneurship：how the motivation, opportunity, and ability to act affect firm knowledge, learning, and innovation[J]. Small Business Economics, 45：447-463。

功能性变量包括企业家的动机、机会和能力，它们受到了结构性变量的直接影响。结构性变量除了包括传统的个人特质变量（企业家信仰、态度、价值观、能力），还包括其他三类特殊的变量：①组织结构变量（个人-组织的统一、管理制度、组织结构、员工的自治与自主性、员工的自由裁量权、组织文化）；②环境变量（竞争强度）；③其他个体投入要素（资源、时间、关系）。

目前，关于创新能力的研究主要集中在组织层面，提出了组织创新能力，它涵盖了知识管理（Nonaka 和 Konno，1998；Nonaka 和 Takeuchi，1995），组织学习（Nonaka，1994），动态能力（Teece、Pisano 和 Shuen，1997；Eisenhardt 和 Martin，2000；Nonaka、Toyama 和 Konno，2000），吸收能力（Zahra 和 George，2002），组织弹性（Sanchez 和 Mahoney，1996；Liebeskind 等，1996），组织粘滞（von Hippel，1994；Szulanski，1996；2000），组织记忆（Mandler，1967；Stein，1995）等内容。组织创新能力是个体创新能力跨层次跃迁的结果，包含创新流程、创新产品、创新者、创新环境和各种投入要素的互动机制（Sternberg，1999；Harrington，1990）。他们大都在探讨个体创新行为如何形成组织层面的创新产出，其本质上是在讨论个体、团队、组织如何进行创新互动以及组织内部的创新管理机制为何。Woodman、Sawyer 和 Griffin（1993）对组织创新能力的定义明确涵盖了个体要素：在特定的社会条件下，组织能够激发个体创造出有实用价值的新思想、新产品、新服务、新流程的能力。Woodman 和 Schoenfeldt（1989）提出了一种"个体和组织层面的创新互动模型"，为组织创新产出提供了一种较为全面的分析框架，能够清晰表明个体创新能力在组织创新过程中所承担的角色（如图6-2所示）。在之后的研究中，这种互动机制很大程度上被解释为一种在环境作用之下的心理互动过程（the perspective of interactional psychology；Amabile，1983；King 和 Anderson 1990；Mumford 和 Gustafson，1988）和行为现象（Schneider，1982；Terborg，1981）。

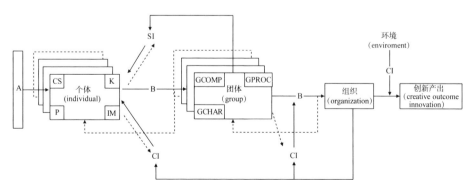

图6-2 个体和组织层面的创新互动模型

资料来源：WOODMAN R W, SAWYER J E, GRIFFIN R W.1993.Toward a theory of organizational creativity[J]. Academy of Management Review, 18(2)：293-321。

Individual Creativity（个体创新能力）= f(A,CS, P, K, IM, SI, CI)
Group Creativity（团队创新能力）= f(Individual Creativity, CI, GCOMP, GCHAR, GPROC)
Organization Creativity（组织创新能力）= f(Group Creativity, CI)
A=Antecedent Conditions，先行条件
B=Creative Behavior，创新行为
CS=Cognitive Style/ Abilities，感知力
P=Personality，个性、品格
K=Knowledge，知识
IM=Intrinsic Motivation，内在动机
SI=Social Influences，社会影响
CI=Contextual Influences，环境影响
GCOMP=Group Composition，团队的结构
GCHAR= Group Characteristics，团队的特征
GPROC= Group Processes，团队的工作流程

综上，关于创新能力的研究经历了跨层次分析的过程，如图 6-3 所示：①传记研究。它采用案例分析的方法对杰出个体进行传记分析，重点挖掘其生理遗传因素，但无法控制特定历史和环境变量。②个人特质研究。它通过量表开发来测定个体的特质，承认创新能力的可改造性、了解创新者在个人特质上的与众不同，并将其作为培养创新者、增强创新能力的基础和依据；但创新者的个人特质研究并没有充分涉及性别变量，而只是在量表测度中将性别变量作为控制变量。③企业家精神研究。它认为个体创新能力在组织层面的溢出，主要是依靠企业家这一角色。由于企业家被视为沟通个体层面和组织层面的重要渠道，因此企业家精神就成为个体创新能力在组织层面发挥作用的重要载体和创新源泉。④组织创新能力的研究。它将个体创新能力作为企业创新能力的组成部分，主要通过跨层次的互动与管理机制的分析，研究组织中各种内外部要素对创新产出的影响。

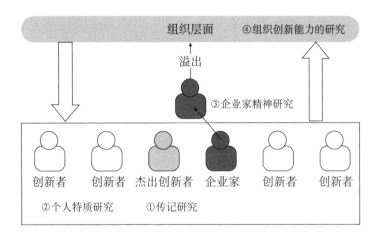

图 6-3 创新能力的跨层次分析

6.2.2 可行能力

若要解决隐匿、矛盾、孤立、自卑的约束状态，就必须充分发挥女性创新者的能动性，只有基于个体知识、技能、自我概念、特质、素质等内在要素，并充分考虑技术创新情景中女性创新者所面临的环境约束，才能找到拓展个人创新能力、突破环境约束的途径。而阿马蒂亚·森所提出的"可行能力"则是兼顾个人创新能力和能力约束的重要概念。

Sen（2001）在《以自由看待发展》（*Development as Freedom*）一书中，提出了以自由来概括发展，即自由是发展的首要目的和实现发展的重要途径，体现了一种对底层社会和贫困人口的深沉关怀。他开宗明义指出，发展可以被看作是一个扩展人们享有真实自由的过程。狭隘的发展主义只关注国民生产总值（GNP）增长、个人收入、工业化/城镇化程度、技术进步或社会现代化等物质化指标。这些指标都是将社会中处于差异化群体中百般状态下的具体人所赋价值按照一定方式进行汇总（aggregate），来作为整个社会价值和福利的评价结果（Sen，1998），但这种方式忽视了个体层面的差异性。按照阿马蒂亚·森的看法，这种价值汇总方式缺乏信息基础，无法反映具体人的真实状况。

财富积累、收入增加、技术进步、现代化水平等指标都是对社会发展和个人福利的工具性展示，并不是发展的终极目标。人的发展应该是智力和体力的充分、统一的发展，是个人才能、志趣和道德品质的全面提升（联合国教科文组织和世界文化与发展委员会，2006）。《以自由看待发展》一书的中心概念"自由"是基于"实质性"（substantive）来定义的，即"人们享有享受自己所珍视的生活的可行能力（capability）"。具体地说，这种可行能力代表着可供个人获得的不同功能组合，这些组合因人而异，且个体拥有选择和实现的自由，凸显了理性主体的选择能力、能动性和实现机会；其本质上是行动能力的范围和大小，包括免受困苦的折磨（饥饿、营养不良、过早死亡、可治愈的疾病），接受教育，社交活动，家庭生活和职业发展机会等。它们被阿马蒂亚·森定义为功能性活动，代表了人们可以完成的多种多样的事件以及达到的多元化状态，即个人的"所做和所是"（doings and beings）。如果我们设定了一个具体人（个人特征、社会背景、职业状态、教育背景、经济状况等），这个人就被赋予了一定的能力去做自身认为有价值的事情，也有责任去实现自己的所赋价值。能力赋予可以是直接的（例如生而具有良好的身体素质和体魄），也可以是间接的（例如接受了良好的后天教育，从而提高了生产能力），即先天遗传和后天教育。亚当·斯密在《国富论》一书的"论劳动分工"章节中也有与此相关的论述：天生才能的差别远比我们所意识到的要小，天赋异禀毕竟是少数；而个人只有在发展成熟之后，才会展示出非同凡响的才华，而这往往是劳动分工的结果。这个观点坚定了对可行能力可改善的信心，同时也把生产能力与后天活动紧密联系起来，这对可行能力有效范围的界定有重要意义。阿马蒂亚·森在《以自由看待发展》中专门探讨了人力资本与人类可行能力之间的关系。人力资本与可行能力都是以人的发展为中心；但人力资本更加强调职业者的工具性自由和生产能力，最终以产出的形式反映发展状况，而可行能力聚焦于每一个人所珍视的生活方式和实际选择何种生活方式的能力与机会。具体到职业者而言，人力资本是一种生产性的概念，只注意到了人的全面发展中的一个部分（生产性发展），但人不仅是生产和发展的手段，而且是发展的目的；可行能力则关注每一个职业者是否能够从事热爱的事业以及在事业中全面地发展。

Nussbaum（2011）认为每个人的功能性活动组合虽然具有差异，但是蕴含的基本能力是相同的，并提出了人类核心能力清单，包含了生命、健康、感觉、想象力、思考、情感、实践理性、归属关系、娱乐等。Alkire 和 Foster（2011）聚焦"贫困""不可行"和"被剥夺"之间的关系，据此提出了"多维度贫困指数"。目前，已经形成了通约性的"可行能力方法"（capability approach）用于评价可持续发展（Pelenc 和 Ballet，2015），社会公义（Robeyns，2018），幸福感（Binder，2014），基础设施建设（Ryan 等，2015），公共政策制定（Alkire，2016）等。

创新能力被划分为个体维度、组织维度、区域维度、国家维度。个体维度上的创新能力，往往是指创造力（creativity）。戴尔等（2013）在《创新者的基因：掌握五种发现技能》一书中指出，"关联、质疑、观察、实验和交流"五项技能是区分创新性人才的指标。瓦格纳（2015）在《创新者的培养：如何培养改变世界的创新人才》一书中提出了合作、多学科学习、深思熟虑的冒险与试错、创造力、内在动力五种重要能力。陈劲指出了"创新者的五商"，包括智商、情商、勇商、激情商、灵商，并指出在美国硅谷，大部分创新者应该具备直觉、意志、欢乐、力量和热情五大素质。上述研究聚焦创新者的个体素质，以知识、技能、自我概念、特质为主，旨在探讨"是否具备"而未涉及"可行与否"。组织维度、区域维度、国家维度上的创新能力（innovative capability），通常要先建立关于创新能力的指标体系并进行评价，形成关于企业、科研团队、区域、城市、产业、国家等不同层次的评价范围，指标体系会根据数据的可获得性高低和范畴大小来做出相应的改变。这里的创新能力一般包括创新意识（创新文化、合作意识、容错文化、风险偏好、企业家精神等），创新投入（R&D 投入、研发人员数量、培训教育支出、科研机构数量等），创新产出能力（申请专利量、创新成果收入、科技成果奖励数量、自主品牌数量、研发成功率等），创新活动管理（融资数量、激励机制、机构合作数量等），创新方式（技术引进数量、引进与消化费用、合作研发成果数量等）。

而关于女性所面临的实际情景的研究，大都是以全球性别差异指数（global gender gap index）作为两性平等的测度工具，该指数由世界经济论坛开发并发布。该指数的特点是：测量的是获得资源的潜在机会；关注性别差异结果，而不是投入；强调数据上的直接测度。该指数是一种数据上的性别平等（gender parity），而对于资源是否真正具备可行性和实质性以及是否实现了实质平等都无法加以验证（Holmes，2015）。

6.3 女性创新者可行创新能力的体系设计

从人的发展角度，需要用一个更广阔的视角去看待"人"，即在承认人力资本的重要性和有效范围之后，基于非替代的前提，以更长远、更包容的目光去看待职业者在社会发展和职业领域内的作用和生存的目的。基于此，我们提出了可行创新能力的概念，从人的可行能力到女性创新者可行创新能力的推演过程如图6-4所示。

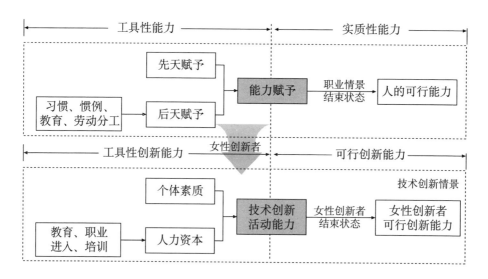

图6-4 从人的可行能力到女性创新者可行创新能力的逻辑推演

第6章
可行创新能力：女性创新者的发展

在该逻辑推演过程中，阿马蒂亚·森提出的功能性活动和亚当·斯密关于能力可改善的观点，构成了个人在日常经济、社会工作中所进行的各种活动，对应到女性创新者，就是她们技术创新过程中所实施的各种行为。由于这些行为具有明显的目的性和指向性，可以被称为工具性能力或工具性创新能力。如果考虑到不同情境中的约束状态，活动和能力就会在一定程度上受到约束，形成实质性能力或可行创新能力。具体到女性创新者，工具性创新能力是可行创新能力的重要前提条件和先导，也构成了提高和发展可行创新能力的路径。在技术创新情景中，沿着"约束状态→可行创新能力的建构→全面发展"的进路，可通过五种工具性创新能力来实现可行创新能力的拓展，促进女性创新者的发展。

创新能力是人自由发挥能动性的集中表现，是个人与集体智慧的最高呈现，而创新成果的外部性成为拓展能动性的有力工具有助于个人创新能力和影响力的扩散传播。具有创新能力的个体，即具有自我发展能力、社会贡献能力的社会成员，可以实现个人价值向社会价值的跃迁。Sen（2001）在《以自由看待发展》中提出了可行能力的概念，并指出"发展可以被看作是一个扩展人们享有真实自由的过程"，用自由来概括发展是一种对实质性情景性约束的探索，体现了对现实生活中生存的全体人民的深沉关怀。不同的个体会因自身信息基础、物质基础、教育基础、能力基础的不同而处在迥然相异的状态中，各自的可行性与不可行性都带有明显的个体差异化情景约束力。诸如国民经济收入、工业化程度等冰冷的统计指标无法展示每个个体所拥有的梦想、希望、挑战、挫折和难以细述的成败，更无法作为整个社会价值和福利的评价结果（Sen，1998）。人的发展应该是智力和体力的充分、统一的发展，是个人才能、志趣和道德品质的全面提升（联合国教科文组织和世界文化与发展委员会，2006）。

如果我们将个体设定为女性创新者、将其能力聚焦到与创新活动相关的生产领域、将社会背景设置为创新驱动发展，那么可行能力即转变成了可行创新能力、个人特征被赋予了创新的色彩，而由于职业状态、教育背景、经济状况等方面仍然存在差异，因此个体的可行创新能力会因人而异（Earls 和 Carlson，

1993；Rothschild，2013)。可行创新能力研究是将个体设定为女性创新者，关注其在创新活动过程中的全面状态和真实图景，用长远、包容的立场去看待女性创新者的职业发展及其创造的社会效益。

女性创新者可行创新能力其实是一种人力资源，集中体现为生产能力，拥有者能够运用自己的素质（体力、智力、知识、技术等）来从事创新活动、开发创新成果。具体而言，女性创新者实际上所面对的是一种怎样的创新情景？实际上从事的是何种领域的创新？在创新活动中又取得了怎样的成果？这都是主体的内在能力、外在资源、外部条件相互作用的结果。每个创新者都拥有一种基于个人素质、工作情景、资源条件等条件而形成的可行创新能力组合。女性创新者可行创新能力就是以性别为主要的考量标准，结合主客观条件，用能力进行封装再内化到女性创新者个体中去。以往的研究对性别因素的重视程度不够，不同性别创新者所面对的组织情景和约束是统一被纳入到组织创新能力中的，对个体创新能力的影响是通过管理界面来进行传递的，也就是说，作用到每个个体的情景变量都是一致的，而由于个体自身的学习、吸收和适应函数不同，导致组织对创新者的影响有所差异。但是，每个创新者的禀赋不同，会选择性地受到各类情景变量的影响，且同一变量的作用强度、作用方向都不一样。这就意味着"情景性"必须被纳入到创新能力中，突出创新活动的实质性，扩展关于创新能力和创新活动"可行"与"不可行"的探讨空间，以聚焦于实质的创新活动过程，真正地重视人、尊重人、关心人。

根据可行创新能力理论和人力资源双重性，不同类型的女性创新者需要清晰认识实际的可行创新能力与创新活动范围，打破约束状态，实现个人创新能力和发展机会的拓展，不断积累和塑造个人可行创新能力。可行创新能力的基础是工具性创新能力，这是对阿马蒂亚·森所提出来的工具性能力和功能性活动所进行的具化和发展。工具性创新能力包括参与自由、经济条件、社会机会、透明性保证以及防护性保障五个方面。为了验证该可行创新能力体系的合理性并进行修正和完善，我们通过对联合国关于妇女与科学发展文件、决议与报告进行内容分析，将涉及女性、科技、技术进步和创新的相关内容进行编码和归类，从而证实、修正并补充工具性创新能力应然和必然所含之义。

研究选取了1951年至2015年在联合国工作文件中涉及"性别""妇女"的文件、决议、报告、新闻、工作稿共计141份。由于研究对象为女性创新者，为了使材料更加契合研究主题，建立如下遴选标准：①相关性标准，内容涉及女性劳动者、科学技术发展、女性就业平等、女性教育培训等主题；②规范性标准，会议之后的相关工作稿件和会议报告合并成一份文本，标题统一列为会议名称。最终纳入内容分析范畴的文本共计23份，分析工具为Nvivo 11，详细分析内容如表6-2所示。文本内容的时间跨度为65年，能够反映国际社会对妇女发展问题的认识转变。

表6-2 最终纳入内容分析范畴的文本信息

名称	年份	主要内容
《同酬公约》	1951	薪酬平等
《消除就业和职业歧视公约》	1958	关注雇佣阶段的性别歧视
《取缔教育歧视公约》	1960	关注入学和教育内容中的性别歧视
《公民权利和政治权利国际公约》	1966	强调公民和政治权利
《经济、社会及文化权利国际公约》	1966	国际人权宪章之一，强调不断推动经济社会发展，增进人民福祉，协调增进全体人民的经济、社会、文化权利
《消除对妇女歧视宣言》	1967	对女性基本人权、人格尊严与价值以及男女平等权利的尊重
《联合国妇女十年：平等、发展与和平》	1975	关注女性的平等、发展与和平
《实现国际妇女年目标世界行动计划》	1975	消除基于性别的歧视和促进男女平等
《消除对妇女一切形式歧视公约》	1979	消除对妇女的歧视、争取性别平等
《联合国妇女十年：平等、发展与和平后半期行动纲领》	1980	审议了前五年的活动及成果，制订并通过了未来发展计划

(续表)

名称	年份	主要内容
《内罗毕战略》	1985	提高妇女地位、实现男女平等
《发展权利宣言》	1986	促成国际合作以解决属于经济、社会、文化或人道主义性质的国际问题
《消除对妇女的暴力行为宣言》	1993	定义"对妇女的暴力行为",并关注家庭暴力
《北京宣言》和《北京行动纲领》	1995	消除教科书和课程中的性别歧视,推广性别分析方法
《联合国千年宣言》	2000	消除贫穷、饥饿、疾病、文盲、环境恶化和对妇女的歧视
《ICT统计和指标中的性别问题:聚焦发展中国家》	2003	关注女性是否能够平等享受通信技术的发展成果
《2005年人类发展报告》	2005	终止极端贫穷,保证人类发展的公平性与可持续性
《处于十字路口的国际合作:不均衡世界中的援助、贸易和安全》	2005	关注世界经济发展中的不平等问题
《全球性别统计方案》	2015	来自联合国发布的《2015世界妇女:趋势和统计》报告,以及统计报告的调研方案、统计指标和指数测算方式
《亚洲及太平洋核心性别指标集》	2015	性别统计工作的新进展、关注女性与科学技术的测量指标
《世界妇女》	—	每五年发表《世界妇女》报告(2005,2010,2015),发布与全球女性家庭、健康、教育、经济等相关方面的发展现状

第6章 可行创新能力：女性创新者的发展

关于女性、创新、科学技术发展的国际议题包括：①尊重女性的经济、社会和文化权利，尤其是获得教育（强调初等教育、消除文盲）的权利。②强调女性的平等、发展与和平这三重目标，所对应的是就业、保健和教育。女性充分参与经济工作，能够在很大程度上保证她们有足够的、公平的社会机会获得保健、营养及其他社会服务；而女性参与经济工作所创造的资源与价值，能够用于提升社会福利，特别是用于改善妇女福利与社会地位。

我们可以从中发现：①联合国的研究议题非常庞大和概括，在统一的议程之后，还需要各参与国家提供本国的报告和任择议定书；②关于女性、创新、女性创新者的问题，在联合国的相关文本材料中并没有单独提出并专门讨论，只有《ICT统计和指标中的性别问题：聚焦发展中国家》基调发言和《亚洲及太平洋核心性别指标集》中有所涉及，但仍然没有关注女性创新者这一群体。或者说，还没有足够重视女性在科学技术发展、创新活动中的重要地位及其实际所面临的制约。因此，在编码的过程中，尤其要注意文本表述中是如何界定女性、创新与科学技术之间关系的，从而对可行创新能力的体系进行修正和发展。编码如表6-3所示。

表6-3 关于工具性创新能力的编码与汇总

树节点	自由节点	典型例证（单例）
参与自由	不同年龄的充分参与	使处于任意年龄阶段的妇女都能发展充分的潜能，确保她们充分、平等地参与建立一个人人共享的更美好的世界
	平等参与	充分而平等地参与公共生活，包括参与制定公共政策、发挥妇女的经济潜力和独立性
	时间分配	调查妇女如何支配一天的时间，肯定妇女对经济的贡献
防护性保障	政策制定	必须保证在妇女充分参与下，设计、执行和监测在所有各级实施的有利于赋予妇女权利、提高妇女地位的切实有效且相辅相成的对性别问题敏感的政策和方案

(续表)

树节点	自由节点	典型例证（单例）
	机构建设	建立妇女团体和网络以及其他非政府组织和社区组织，并发挥女性在其中的作用
	工作条件	安全与卫生条件
	公平分配	制定每个发展方案的指标并分配物资和资金，以确保对妇女更加公平的分配
	婚姻与家庭关系	男女平等分担家庭责任（特别是对照顾儿童负有共同责任），构建和谐的伙伴关系
	基本生活	获得相当生活水准的权利
	科研成果保护	保证在技术转让时，避免使妇女受到更多不利的劳工问题影响
经济条件	收入差距	增加两性收入数据的统计
	同工同酬	实施公平的收入分配，贯彻同工同酬制度，消除收入歧视，特别是保证妇女享受不差于男子的工作条件
社会机会	获取资源	确保妇女有平等机会取得资源，包括土地、信贷、科技、职业培训、信息、通信和市场
	建立女性组织	妇女团体和网络以及其他非政府组织和社区组织，在其自主权获得充分尊重的情况下，与各国政府合作做出贡献
	教育与培训	提供基本教育、终生教育、识字和培训及初级保健，促进以人为中心的可持续发展，包括持续的经济增长
	文化发展	保障参与文化生活的权利
	职业过程	确保在行业中人人都有晋升的同等机会，资历和能力是考虑标准

（续表）

树节点	自由节点	典型例证（单例）
透明性担保	非歧视性透明	建立一个开放的按规则行事的公平的有保障的非歧视性的透明而可预测的多边贸易体制，促进投资、技术、知识的转让以及加强国际合作
	数据资料透明	建立一个新的统计网站，使资料查阅更便利
	文件公告透明	文件撰写与发布采用中立透明方式，与会员国进行充分、有效的协商

将参考点按照内容归类并归纳形成各个树节点与子节点，形成女性创新者的可行创新能力体系，包含五个一级指标（参与自由、防护性保障、经济条件、社会机会、透明性担保）及其各自对应的二级指标，详细如图6-5所示。各个指标的含义如下：

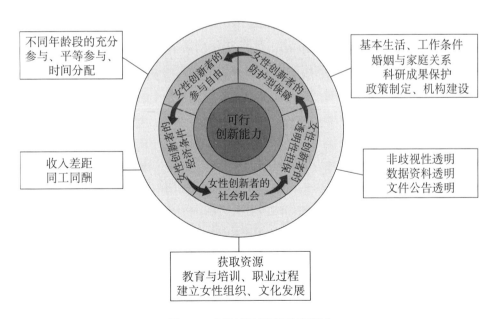

图6-5　女性创新者可行创新能力

（1）女性创新者的参与自由。在联合国的相关文本内容中，涉及所有社会领域的参与自由，也同样适用于学科领域、职业领域、组织部门所具备的选择与参与自由，这是女性创新者可行创新能力的前提条件。一旦在进入阶段存在进入壁垒、招聘歧视和"管漏现象"，女性创新者即使具备创新能力和创新动力，也无法进行创新行为。同时，各个年龄段的女性都具有平等参与的机会、采用时间分配调查状态来衡量女性参与各类经济社会活动的状况。在统计工作中，需要按性别、行业、年龄等人口统计变量来进行统计，并增设时间分配状况调查的题项。

（2）女性创新者的经济条件，主要关注同工同酬和收入差距问题，关注女性创新者所享有的经济权利，包括技术研发的直接经济收入（例如工资、技术研发绩效奖励、专利收入、技术入股收益）、社会创新成果的间接经济收入（例如新市场的开拓、市场占有率与利润的提高、市场地位的提升等带来的收入增加）和经济分配方式（分配时间、分配比例、发放方式等）是否平等。

（3）女性创新者的社会机会，在联合国的相关文本内容中，涉及女性在经济和社会生活中的各项机会平等。具体到创新活动中，体现在获得资源（土地、信贷、信息、研发支持、风险投资、创办技术创新企业）、教育与培训（技术与职业教育）、职业过程（就业、创业、晋升、职业隔离、休息、闲暇和工作时间的合理限制、职业流动）、建立女性组织（团体、网络、社区组织、非政府组织）、文化发展（发表创意、启动创新项目、参与技术研发课题）。

（4）女性创新者的透明性保证，包括了非歧视性透明、数据资料透明、文件公告透明三个方面。保障社会各类信息能够被所有人所获取，男性和女性都能够享受无歧视性的信息透明，并且关于男性和女性样本的信息，也应该无歧视地统计和收集。由于创新活动中蕴含着大量难以言喻的技能、经验、直觉和窍门等，需要为女性创新者提供能力的透明性保证，各类人力统计数据和资料应该公开透明，例如所在企业绩效、个人职位、履历、教育背景、能力资格证书、论文发表数量、专利数量。在国家层面上，关于性别平等的法律、法规、文件等应该公开，要求各层组织按照规定制定本组织内部的责任书，并保证文件公告的透明。

（5）女性创新者的防护性保障，包括了基本生活、工作条件、婚姻与家庭关系、科研成果保护、政策制定、机构建设、公平分配惠益等。基本的生活条件和工作环境是保障女性创新者在创新活动中安全、健康的首要条件。良好的婚姻与家庭的关系是防止出现工作与家庭不平衡的保障，科研成果保护、政策制定、机构建设保证女性创新者能够共享科技创新成果，公平获得创新活动绩效、公平分配惠益的保障，同时也能够保证女性创新者的创新动力。

6.4 女性创新者可行创新能力的建构

在技术创新情境中，女性创新者常常变得"隐匿"、面临两难抉择、因缺乏身份认同而被孤立、表现得自卑怯懦，社会建构的影响使得女性创新者处在以上约束状态中。基于此，我们提出了可行创新能力的概念，它包含了环境约束、实际情景、工具性创新能力三个部分。环境约束和实际情景已经在前文进行了详细阐述，工具性创新能力是与女性创新者在技术创新互动中直接相关的资源、行动范围、影响力等要素，是实现个人可行创新能力拓展的重要途径。创新者能够根据自我需求，通过自主选择来形成各种工具性的能力组合（即功能组合），从而建立个体维度上的可行创新能力体系。女性创新者可行创新能力形成的逻辑过程如图6-6所示。

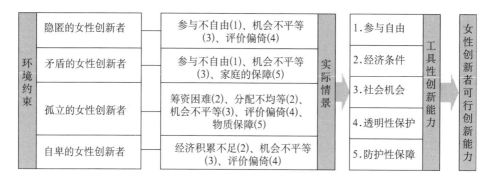

图 6-6　女性创新者"可行创新能力"形成与逻辑过程

注："实际情景"中括号内的编号代表"工具性创新能力"的对应编号。

Sen（2001）强调信息基础的重要作用。对于技术创新情景中的可行创新能力，无法像工具性创新能力一样列出清晰的能力清单。准确地说，它是一个关于个人利益、评价规范、社会福利与安排的概念框架，每个创新者都需要在这个框架内构建自己独特的、弹性的可行创新能力，而构建的前提就是信息基础和个人实际所处的约束状态。

6.5　技术创新中女性创新者的选择

在《以自由看待发展》一书中，阿马蒂亚·森用"妇女的主体地位与社会变化"整章节来探讨妇女问题。他指出，关于妇女的研究已经从争取平等福利转变到发展主体能动性。在他看来，发展的根本动力是人的能动性，自由而可持续的能动性构成了发展的主要引擎。他提出了能动者取向的观点，即当享有充足机会和选择时，人们能够无约束地有效形塑自己的命运并相互帮助，通过行使自由且持续的能动性来产生互补效应，而不再仅仅是公文案牍上所书写福利的消极接受者。个体一旦对其主体地位有了觉醒，就应当对自己的行动方式承担责任。具有主体地位的人，必须是具备"决定自己采取行动或拒绝行动"能力的人。这样的人有能力自主选择自己的行为方式并能够为之承担后果和责任。基于阿马蒂亚·森提供的"福利与能动性"这个看待人的新视角，人不再是社会福利的消极受益者，而是享有福利的选择权利，能够在各种可能的福利成就之间做出无约束选择。一个具有选择能力的人，就应该考虑其是否具备更宽泛的人生观或"善观念"，因为他在做出选择的时候就成为了"一个行动者或法官"（a doer or a judge）。创新能力是能动性的集中爆发，是个人创造自我"福利成就"的有效途径。技术创新成果具有显著的外部性，成果研发、商业化推广和应用是个人创新能力和影响力的拓展；创新者可借助技术创新这个工具，实现个人价值向社会价值的跃迁。

当探讨女性创新者解除约束、拓展可行创新能力之时，也要考量这种"可行性"所代表的责任（梅亮和陈劲，2015），社会应当承担起帮助女性创新者获得可行创新能力的责任，而女性创新者则应该自省如何依靠自身的可行创新能力来实现自我和社会更大的"福利成就"。可行性和责任应该是一体两面的关系，不具备从事创新活动的可行创新能力，则不存在承担创新责任之说；被赋予了可行创新能力，其实也是被赋予了从事创新活动的责任。

参考文献

ALKIRE S, FOSTER J. 2011.Counting and multidimensional poverty measurement[J]. Journal of Public Economics, 95(7)：476-487.

ALKIRE S. 2016. The capability approach and well-being measurement for public policy [M]// ADLER M D, FLEURBAEY M. The Oxford handbook on well-being and public policy. London：Oxford University Press, 615–644.

AMABILE T M. 1983. The social psychology of creativity：a componential conceptualization[J]. Journal of Personality and Social Psychology, 45(2)：357.

AMABILE T M.1988. A model of creativity and innovation in organizations[J]. Research in Organizational Behavior, 10(1)：123-167.

BARRON F, HARRINGTON D M. 1981. Creativity, intelligence, and personality[J]. Annual Review of Psychology, 32(1)：439-476.

BINDER M. 2014. Subjective well-being capabilities: bridging the gap between the capability approach and subjective well-being research[J]. Journal of Happiness Studies, 15(5): 1197-1217.

BLICKENSTAFF J C. 2005. Women and science careers: leaky pipeline or gender filter?[J]. Gender and Education, 17(4): 369-386.

CARLI L L, ALAWA L, LEE Y A, et al. 2016. Stereotypes about gender and science: Women ≠ scientists[J]. Psychology of Women Quarterly, 40(2): 244-260.

CLARK BLICKENSTAFF J. 2005. Women and science careers: leaky pipeline or gender filter?[J]. Gender and education, 17(4): 369-386.

DEEMER E D, THOMAN D B, CHASE J P, et al.2014.Feeling the threat: stereotype threat as a contextual barrier to women's science career choice intentions[J]. Journal of Career Development, 41(2): 141-158.

EARLS F, CARLSON M.1993. Towards sustainable development for American families[J]. Daedalus, 122(1): 93-121.

EISENHARDT K M, MARTIN J A. 2000. Dynamic capabilities: what are they?[J]. Strategic Management Journal, 21(10-11): 1105-1121.

EISENHARDT K M, TABRIZI B N. 1995. Accelerating adaptive processes: product innovation in the global computer industry[J]. Administrative Science Quarterly, 40(1): 84-110.

EVETTS J. 1996. Gender and career in science and engineering[M]. Boca Raton: CRC Press.

FOUAD N A, SINGH R, FITZPATRICK M E, et al. 2011. Stemming the tide: why women leave engineering[R]. Milwaukee: University of Wisconsin-Milwaukee.

GALTON F. 1869. Hereditary genius: an inquiry into its laws and consequences[M]. Stuttgart: Macmillan.

GOERTZEL M G, GOERTZEL V, GOERTZEL T G. 1978. Three hundred eminent personalities[M]. San Francisco: Jossey-Bass.

GOULDEN M, MASON M A, FRASCH K. 2011. Keeping women in the science pipeline[J]. The ANNALS of the American Academy of Political and Social Science, 638(1): 141-162.

GREENHAUS J H, BEUTELL N J. 1985. Sources of conflict between work and family roles[J]. Academy of management review, 10(1): 76-88.

GUTH W D, GINSBERG A. 1990. Corporate entrepreneurship[J]. Strategic Management Journal, 11(4), 5–15.

HARRINGTON D M. 1990. The ecology of human creativity: a psychological perspective[M]//

RUNCO M A, ALBERT R S. Theories of creativity. Thousand Oaks：Sage.

HARRISON C E. 2001. Citizens and scientists：toward a gendered history of scientific practice in post-revolutionary France[J]. Gender & History, 13(3)：444–480.

HELLSTRÖM T. 2003. Systemic innovation and risk：technology assessment and the challenge of responsible innovation[J]. Technology in Society, 25(3)：369-384.

HOLMES M A. 2015. A sociological framework to address gender parity [M]//HOLMES M A, OCONNELL S, DUTT K. Women in the geosciences：practical, positive practices toward parity. Hoboken：John Wiley & Sons, 23-30.

JACKSON A. 1991. Top producers of women mathematics doctorates[J]. Notices of the AMS, 38(7)：715-719.

KIMURA D. 1992. Sex differences in the brain[J]. Scientific American, 267(3)：118-125.

KING N, ANDERSON N. 1990. Innovation in working groups[M]//WEST M A, FARR J L. Innovation and creativity at work：psychological and organizational strategies. Hoboken：John Wiley & Sons, 81-100.

KIRTON M. 1976. Adaptors and innovators：a description and measure[J]. Journal of applied psychology, 61(5)：622.

KWANG N A, RODRIGUES D. 2002. A big-five personality profile of the adaptor and innovator[J]. The Journal of Creative Behavior, 36(4)：254-268.

LIEBESKIND J P, OLIVER A L, ZUCKER L, et al. 1996. Social networks, learning, and flexibility：Sourcing scientific knowledge in new biotechnology firms[J]. Organization science, 7(4)：428-443.

MANDLER G. 1967. Organization and memory[J]. Psychology of learning and motivation, 1：327-372.

MARTINDALE C. 1989. Personality, situation, and creativity[M]//STERNBERG R J. Handbook of creativity. Boston：Springer, 211-232.

MARVEL M R, LEE I H, WOLFE M T. 2015. Entrepreneur gender and firm innovation activity：a multilevel perspective[J]. IEEE Transactions on Engineering Management, 62(4)：558-567.

MCPHERSON M, SMITH-LOVIN L, COOK J M. 2001. Birds of a feather：homophily in social networks[J]. Annual eview of sociology, 27(1)：415-444.

MORRIS M H, KURATKO D F, COVIN J G. 2010. Corporate entrepreneurship & innovation[M]. Cengage Learning.

MUMFORD M D, GUSTAFSON S B. 1988. Creativity syndrome: integration, application, and innovation[J]. Psychological Bulletin, 103(1): 27.

NONAKA I, KONNO N. 1998. The concept of "ba": building a foundation for knowledge creation[J]. California management review, 40(3): 40-54.

NONAKA I, TAKEUCHI H. 1995. The knowledge-creating company: how Japanese companies create the dynamics of innovation[M]. Oxford: Oxford university press.

NONAKA I, TOYAMA R, KONNO N. 2000. SECI, Ba and leadership: a unified model of dynamic knowledge creation[J]. Long range planning, 33(1): 5-34.

NONAKA I. 1994. A dynamic theory of organizational knowledge creation[J]. Organization science, 5(1): 14-37.

NUSSBAUM M C. 2001. Women and human development: The capabilities approach[M]. Cambridge: Cambridge University Press.

NUSSBAUM M C. 2011. Creating capabilities: the human development approach[M]. Cambridge: Harvard University Press.

PELENC J, BALLET J. 2015. Strong sustainability, critical natural capital and the capability approach[J]. Ecological economics, 112: 36-44.

PERKMANN M, TARTARI V, MCKELVEY M, et al. 2013. Academic engagement and commercialisation: a review of the literature on university–industry relations[J]. Research policy, 42(2): 423-442.

ROBEYNS I. 2018. Wellbeing, freedom and social justice: the capability approach re-examined[M]. Cambridge: Open Book Publishers.

ROTHSCHILD E. 2013. Economic sentiments[M]. Cambridge: Harvard University Press.

RYAN J, WRETSTRAND A, SCHMIDT S M. 2015.Exploring public transport as an element of older persons' mobility: a capability approach perspective[J]. Journal of Transport Geography, 48: 105-114.

SANCHEZ R, MAHONEY J T. 1996. Modularity, flexibility, and knowledge management in product and organization design[J]. Strategic Management Journal, 17(S2): 63-76.

SCHNEIDER B. 1982. Interactional psychology and organizational behavior[R]. East Lansing: Michigan State University.

SCHUMPETER J A. 2000. Capitalism, socialism and democracy[M]. New York: Routledge.

SCHUMPETER J A. 2000. Entrepreneurship as Innovation[J/OL]. (2009-11-24) [2023-06-26].

https://ssrn.com/abstract=1512266.

SCHUMPETER J A. 2013. Capitalism, socialism and democracy[M]. London：Routledge.

SEN A. 1998. Mortality as an indicator of economic success and failure[J]. The Economic Journal, 108(446)：1-25.

SEN A. 2001. Development as freedom[M]. New York：Oxford Paperbacks.

SIMONTON D K. 1975. Age and literary creativity：a cross-cultural and transhistorical survey[J]. Journal of Cross-Cultural Psychology, 6(3)：259-277.

STEIN E W. 1995. Organization memory：review of concepts and recommendations for management[J]. International Journal of Information Management, 15(1)：17-32.

STERNBERG R J. 1999. Handbook of creativity[M]. Cambridge：Cambridge University Press.

STEVENSON H H, JARILLO J C. 1990. A paradigm of entrepreneurship：entrepreneurial management[J]. Strategic Management Journal, 11(1)：17-27.

SZULANSKI G. 1996. Exploring internal stickiness：impediments to the transfer of best practice within the firm[J]. Strategic management journal, 17(S2)：27-43.

SZULANSKI G. 2000. The process of knowledge transfer：a diachronic analysis of stickiness[J]. Organizational Behavior And Human Decision Processes, 82(1)：9-27.

TEECE D J, PISANO G, SHUEN A. 1997. Dynamic capabilities and strategic management[J]. Strategic Management Journal, 509-533.

TERBORG J R. 1981. Interactional psychology and research on human behavior in organizations[J]. Academy of Management Review, 6(4)：569-576.

TURNER T, PENNINGTON W W. 2015. Organizational networks and the process of corporate entrepreneurship：how the motivation, opportunity, and ability to act affect firm knowledge, learning, and innovation[J]. Small Business Economics, 45(2)：447-463.

VON HIPPEL E. 1994. "Sticky information" and the locus of problem solving：implications for innovation[J]. Management Science, 40(4)：429-439.

WOODMAN R W, SAWYER J E, GRIFFIN R W. 1993. Toward a theory of organizational creativity[J]. Academy of Management Review, 18(2)：293-321.

WOODMAN R W, SCHOENFELDT L F. 1989. Individual differences in creativity[J]. Handbook of creativity, 77-91.

ZAHRA S A, GEORGE G. 2002. Absorptive capacity：a review, reconceptualization, and extension[J]. Academy of Management Eeview：27(2)：185-203.

戴尔，葛瑞格森，克里斯坦森. 2013. 创新者的基因：掌握五种发现技能 [M]. 曾佳宁，译. 北京：中信出版社.

联合国教科文组织，世界文化与发展委员会. 2006. 文化多样性与人类全面发展：世界文化与发展委员会报告 [M]. 张玉国，译. 广州：广东人民出版社.

陆静怡，王越. 2016. 心理不安全状态下决策者的风险偏好 [J]. 心理科学进展, 24(5)：676-683.

瓦格纳. 2015. 创新者的培养：如何培养改变世界的创新人才 [M]. 陈劲，王鲁，刘文澜，译. 北京：科学出版社.

吴欣桐，陈劲，梅亮，等. 2017. 刻板印象：女性创新者在技术创新中的威胁抑或机会？[J]. 外国经济与管理, 39(11)：45-60.

第三篇
性别化创新：女性主义视野下的创新范式

  科学技术创新源于对研究主体与客体、研究客观性、研究方法论、研究维度等的反躬自省，它是科学研究所具有的特殊品质。斯坦福大学施宾格教授基于对科学技术史的思考，于2009年7月提出"Gendered Innovation"*。性别化创新本质上是创新管理研究在女性主义视野下的创新范式探索，是将性别维度嵌入创新管理研究的创新范式的反思和发展。它强调在科学研究中从性别维度来思考和审视从研究设计到商业化的全过程，以便于帮助研究者重拾被忽视的性与性别要素，找到理论研究中的缺陷和间隙，实现科学研究的可持续性、道德性、社会满意性，使科学承担起对两性的责任发挥其社会功能。

---

* 陈劲和吴欣桐将其引入国内，译为"性别化创新"

性别维度嵌入：性别化创新的理论基础与发展脉络

科学技术史的发展，伴随着对研究主体、研究客观性、认知结构普适性、研究维度与视角科学性的不断探索和反躬自省（Popper，2005）。斯坦福大学施宾格教授基于对科学技术史的考察（Schiebinger，1991；1993；2000），于2009年7月提出科学技术研究新视角——"性别化创新"。2011年7月，欧洲委员会正式成立了名为"借助性别进行创新"（innovation through gender）的专业研究小组，系统性回顾了自提出性别化创新后的研究成果，旨在发展科学研究和创新过程中的性别维度。来自欧洲国家、美国和加拿大的六十多位专家学者不仅指出当前科学研究和创新过程中存在的漏洞，还针对具体领域中存在的两性差异提供了具体的处理方法。2012年美国国家科学基金会加入该项目。该项目呼应了2010年 *GenSET Consensus Report*[①] 和2011年联合国的性别发展相关决议，对性别在科学技术中的跨国研究做出了极大贡献（GenSET Project，2010；UN Women，2011）。2013年该项目在欧洲议会上被正式提出（European Commission，2013），并与欧洲委员会专员 Máire Geoghegan-Quinn 合作出版了《性别化创新：性别分析如何促进研究》（*Gendered Innovations：How Gender Analysis Contributes to Research*）一书。欧盟继而提出了"优先发展科学研究和创新过程中的性别维度"的政策内容。2015年8月举办了以"性别化创新"为主题的性别峰会，同年9月欧洲研究型大学联盟（the League of European Research Universities，LERU）发布了"性别化研究与创新"主题报告。

---

① *GenSET Consensus Report* 的内容为关于科学研究中性别行动的建议。

7.1 基本要素：性与性别[①]

性与性别是两种相互交织却又截然不同的概念。迄今，性与性别在科学研究与创新过程中的重要作用已经逐渐引起学者关注并达成共识。作为欧洲经济高度发展的产物，性别化创新由学界提出并在政界得到广泛认同与资助，随后扩散到北美地区并开展跨国研究，再反向促进学界对于该议题的研究，最终形成了以学术联盟为主要形式的性别化创新合作研究团体和网络。但针对这一理念的理论研究仍处在起步阶段。使用 WOS、Google 学术搜索"Gendered Innovation""Female (or Women or Gender) and Innovation"，并没有搜索到完全符合性别化创新主题的论文，大都是对某一行业科学实验结果进行性与性别差异分析。当前刊出性别化创新的研究成果集中在政府咨询报告、政策建议、高峰论坛、专题会议决议。

性（sex）是一个生物学的概念，是基于染色体产生的分化而形成的男性和女性在生理上的各种差异，包括生殖系统、性激素分泌及第二性征、特殊生理周期等。由激素所带来的深刻变化形成了女性特殊的青春期、月经期、妊娠期、产褥期、绝经过渡期、衰老期，伴随着具有阶段性特点的生理反应、免疫功能变化、体液平衡变化、体温变化、情绪变化等。也就是说，"性"对科学研究和创新过程所造成的影响往往发生在基础科学研究阶段，尤其是医学与健康或是一些基于生理数据的基础研究或应用技术研发。Karp 等（2017）发表在 *Nature Communication* 上的文章已经指出，动物实验中的生物性会对一半以上的医学研究结果产生重大影响，为此不能只进行单性实验。在生物医学研究历史上，研究人员大多认为影响女性的变量众多，因此标准被试一般都为男性，女性被当作小型男性来看待，这就导致在临床试验中，女性患者的临床数据和证据不足（特别是缺乏剂量和不良反应的临床证据）、可信度较低，从而影响

[①] 本节内容源于本书两位作者已发表论文：陈劲，吴欣桐. 2018. 性别化创新的理论内涵与实践应用：性与性别分析法的贡献 [J]. 社会科学战线，(04)：67-74。

关于药物对女性的药理作用和使用效果的分析。英国伦敦国王学院临床医学中心的科学家发现，在改变果蝇干细胞的"雌性化"和"雄性化"程度之后，干细胞的活化和再生能力都会发生改变，这就证实了器官具有两性差异（Hudry，Khadayate 和 Miguel-Aliaga，2016），也就是说两性生理差异是研究生物学现象和疾病机制的核心（Mauvais-Jarvis 等，2017）。在循证医学研究领域中，无论是（非）同期对照试验、随机对照试验、队列研究、病例对照实验还是横断面研究，性及其生理差异都是重要的考量指标，可通过组内和组间方差分析来判断男性和女性分组之间及各自内部的差异。设计双性实验，重新审视研究假设，正确区分和分析资料，通过 Meta 分析证实鲁棒性，这些都是纳入性与性别分析法的途径。

性别（gender）是一种社会建构的概念，它涉及特殊社会文化和情景中两性在态度、行为等方面的差异，形塑着整个社会"男性化"和"女性化"寓意及其背后所限定的行为方式和规范（Spence，Helmreich 和 Stapp，1975；Spence 和 Helmreich，1979；Stoller，1994）。在同一种社会文化和情景中，无论是在家庭、学校、工作场所还是在实验室，这种社会建构的产物会对所有生活在该情景中的个体产生共同作用，并推动同一性别者产生趋同行为。这既是个体的性别身份认同过程，也是个体接受社会塑造的过程，进而被纳入到社会性别规范的约束范围之内。在跨文化和跨国情景中，不同社会建构出的性别规范有所不同，个体在接受形塑之后的性别化认知和行为也会有所差异。

生理上的性与社会建构的性别之间还存在交互作用。在人类历史演变的过程中，由于生理差异的存在，导致具有明显性别分化的劳动分工的出现，劳动经验和知识积累的性别差异也随之产生。这种性别化的经验与知识逐步发展出了"男性化"和"女性化"的文化内涵并规范着不同性别的行为、态度、生活习惯，在个体层面上形成了生理和心理上的累积性变化，最终形成了性与性别交互影响的闭环。

7.2 方法论：性别维度中的性与性别分析法[①]

欧洲委员会对"性别维度"的定义是：在研究过程中整合性与性别分析法。性与性别分析法贯穿了整个科学研究与创新的过程，包括设定研究重点、申请立项资助、设定项目目标、选择研究方法、收集数据、分析数据和评价结果。科学研究和创新过程的维度与视角对研究成果的产出具有至关重要的影响，它是波普尔所提出的客观知识世界与主观精神世界的连接桥梁（波普尔，1987）。新的维度和视角有助于改造主观精神世界、重塑客观知识世界，发现理论研究中的间隙和缺陷、激发创造性的科学知识。而这些创造性的科学知识会改变客观知识世界的结构和科学问题所产生的"问题情景"，并推动维度和视角的更新，从而形成科学研究和创新过程的循环往复。

性别化创新本质上是将性与性别分析法纳入整个科学研究和创新过程。在科学研究和创新过程中，参与者是主体，性与性别分析法是方法，所描绘出的具有性别维度的新知识与信息是客体，性别化创新是最终成果。借由科学研究和创新过程，我们可以提炼出性与性别分析法在其中的应用框架，从而设计一套标准化的流程来帮助研究者提出问题、分析问题、整合数据和解释结果。目前，性别化创新的研究成果，提供了分析科学问题、医疗健康问题、工程问题和环境问题的9种方法，其中5种为普适性方法，4种为具体操作方案。

1. 普适性方法

对于研究问题而言，研究者可以从以下五个方面重新审视和自查研究过程中的性与性别因素：①先验性思考，即研究课题需要重点、优先考虑并解决什么问题？有可能得到什么成果？②理论设定，即研究课题基于何种概念和理论？③问题提出，即形成了什么研究课题？课题可以拆分为哪些子问题？其中哪些包含了性与性别因素？④性与性别分析，即生理上的性因素、社会建构的

[①] 本节内容源于本书两位作者已发表论文：陈劲，吴欣桐. 2018. 性别化创新的理论内涵与实践应用：性与性别分析法的贡献 [J]. 社会科学战线，(04)：67-74。

性别因素、性和性别的交叉因素分别是什么？性和性别的相互作用如何？对研究结果会产生什么影响？⑤基线考量，即研究课题中使用的参考标准和基准模型是什么？基准对象是什么？是否有明显的性别偏颇？

2. 具体操作方案

具体操作方案包括：①设计生物研究过程，这是进行生理差异分析的方法，即通过设计生物研究过程来分析男性和女性生理上的不同及其对性别、研究理论、方法选择、研究成果的影响。②工业品设计与改进，即区分男性和女性的使用习惯并收集使用体验感的数据。③参与式研究，即在研究过程中，强化主体参与和全面介入（Minkler等，2003），侧重分析男性和女性在参与过程中所表现出的行为和态度差异，重点挖掘性别差异化的知识和经验。④反思语言和视觉化表达过程，即在成果表达的过程中，反思是否使用了某些具有歧视性或非客观的隐喻而引导受众形成偏倚的观点。

性与性别分析法能够帮助科学家和研究者反思研究过程中的概念、假设、命题、方法等是否存在"缺省设置"（default settings），也同样适用于研究资助机构、研究机构负责人、期刊编辑所进行的同行评议。其内核是研究者、参与者和同行评议者的自我审查，促使相关人员在各个研究阶段嵌入关于性与性别的思考、关注实践问题以及叩问整个科学研究与创新过程中是否考虑到了性与性别因素。对科学研究和创新过程的反思和批判，能够让自我反思的触角渗透到研究的各个层面。研究者是否纳入性与性别因素、同行评议者是否支持和肯定性与性别分析、科学研究和创新过程是否用性别问题进行重塑，这些都可能会牵涉到相互冲突的结果和价值标准。单靠性与性别分析的意向性审查，只会让性与性别分析的应用沦为一句空话。更为诚实可取的方法是为性与性别分析建立一套极简、标准化、具有普适性的方法和流程，达到"顶天、立地"的效果。性与性别分析法的贡献在于创造了一个互利共享的局面：探索知识的新维度与新视角，帮助研究团队发现理论利基空间与机会，推进卓越科学成果的产出，最终让创造性的理论成果惠及社会。

7.3　内涵辨析：性别化研究与创新和性别化创新[①]

性别化创新的最早界定来源于施宾格，倡导将性与性别分析纳入基础研究和应用研究的全过程，从而为科学研究提供了新的维度和视角，激发出更多的创新研究成果并有助于实现成果的可持续性、社会满意性（梅亮和陈劲，2015），推动对女性负责的科学技术的发展以实现其生活质量的提升。它涵盖了确定研究重点、申请立项、设定课题与目标、选择研究方法、收集数据、分析数据、评价结果、发展专利、商业化转移等。性别化研究与创新是在欧洲研究型大学联盟（League of European Research Universities，LERU）的报告中提出的，报告阐述了女性在科学研究与创新领域所面对的四种窘境：①女性的研究与创新能力没有得到充分开发，存在大量的人才浪费；②女性在科学研究的职业生涯遭受了大量来自招聘、保留和晋升方面的偏见；③有与同行男性收入水平存在明显的差距；④在研究设计、实施和组织中缺乏性与性别维度的分析，从而影响了科研成果的可持续性与卓越性。报告中所提出的性别化研究与创新侧重于解决第四类问题，倡议在研究本身的设计、实施、报告和应用中增加性与性别维度。以下四种优先发展策略已经获得了认可：发展科学知识、部署人力资源、变革制度与规范、遵守性别相关进程。

目前，学界并没有对性别化研究与创新和性别化创新进行辨析。性别化研究与创新侧重于研究阶段的性与性别分析，旨在得到科学研究的创新成果，而性别化创新则是基于广义视角，涵盖了从知识发现直到商业化的全过程；性别化研究与创新隶属于性别化创新，并不断推动创新思想、创新理论、创新技术、创新产品、创新服务的发展。性别化创新虽然是基于性与性别分析法，但是不应该被完全纳入科学研究的方法论中。虽然创新成果的表现形式纷繁多样，但是内核是统一而深切的，即阐释为：任何形式的创新成果都应该展示出

---

① 本节内容源于本书两位作者已发表论文：陈劲，吴欣桐. 2018. 性别化创新的理论内涵与实践应用：性与性别分析法的贡献 [J]. 社会科学战线，(04)：67-74。

尊重性别差异、追求性别平等、对两性负责。它本质上是贯穿于科学研究与创新实践全过程的一种价值判断与准则。由于各类科学研究与创新活动具有明显的学科、行业等情景差异，导致性与性别分析法就被嵌入在具体情景之中，成为特定技术、社会背景、性别规范、伦理道德等共生、共存与共演的结果（梅亮等，2017）。

性别化创新是一项涉及全球、全科学领域的科学研究与创新的新发展。基于"大科学部署以应对重大问题"（Mazzucato，2016）的主张，推行使命引领（mission-oriented；Mazzucato，2015）的性别化创新，是在科学研究和科学知识中引入性别维度的重要步骤。不同的使命将指向不同的科学研究与创新领域并推动不同的创新过程和实践。性别化创新的使命包含四个方面，具体如表7-1所示。

表7-1 性别化创新的使命、领域及其过程和实践

性别化创新的使命	领域	过程和实践
增加研究与创新的科学价值，确保成果的卓越性和可持续性	基础科学	构想、立项、基础科学研究
增加研究与创新的应用价值，满足社会需要、对社会负责	应用与开发	应用研究、初级成果、技术定型、产品造型、开发研究
增加研究与创新的商业价值，创造新专利、新技术和新市场	市场化推广	商业化生产、市场推广
增加研究与创新的社会价值，促进两性平等、对女性负责	社会福利与精神	产品惠及社会、知识造福社会

资料来源：League of European Research Universities.2015.Gendered research and innovation: integrating sex and gender analysis into the research process[R]. Leuven：League of European Research Universities。

7.4 发展脉络[①]

7.4.1 性别化创新的发展历程

为什么要发展性别化创新？性别化创新对于提升科学研究与创新质量有何作用？这些是实施性别化创新研究首先需要明晰的问题。科学研究活动也属于一种社会活动，必须服务人类社会、提高社会福利。性别化创新作为一种新的创新范式，具有其独有的维度和方法论。它涉及性别化创新、性别化研究与创新、性与性别分析法、性别维度这四种相互具有交集的概念。性别化创新将性别维度嵌入科学研究，一方面分析自然与社会的一阶信息（first-order subject），另一方面重新审视科学研究活动的二阶信息（second-order subject）（张君弟，2017），并将科学研究引入自我反思和自我修正的轨道。

性别化创新、性别化研究与创新强调的是创新范式。目前，两者存在相互混用的情况。本质上，性别化研究与创新隶属于性别化创新。前者侧重于研究阶段，而后者的视域更广，不仅包含了从知识发现直到商业化的全过程，还涵盖了科学研究与社会生活的互动。

在欧洲研究型大学联盟的政府咨询报告中，"性别化研究与创新"概念被首次提出。它旨在解决由性别维度缺失所引起的低创新性、低可持续性与低卓越性等问题，强调在科学研究的设计、实施、报告和应用阶段嵌入性别维度。然而针对那些由社会建构的性别刻板印象所引发的女性创新能力被低估、人才浪费（管漏现象）、职业天花板、考核评议偏倚、同行评议偏倚、收入性别差距等问题，报告并没有提出相应的解决措施。

性别化创新的提出者施宾格教授与欧洲委员会共同提出了三种性别化创新战略：修正女性数量、修正制度和修正知识。其中，修正知识与性别化研究与创新的概念相吻合。修正女性数量则是通过增加女性科学家、女性研究

[①] 本节内容源于本书两位作者已发表论文：吴欣桐，陈劲，梁琳. 2018. 性别化创新的分析逻辑：科学研究中的性与性别分析法 [J]. 科学学研究，36(09)：1659-1667。

者、女性被试的比重，来提高科学研究的多样性和女性代表性。性别比例的改善会改变社会环境和文化氛围，一定程度上缓解由于性别比例失衡而造成的一系列社会建构问题，例如劳动力市场歧视、性别刻板印象、实验入排标准不合理[①]，等等。修正制度是一切措施改进的基础，美国国家科学基金会和欧洲委员会的工作文件指出，科研机构中的结构性改革和制度修正政策将成为未来工作重点，涉及工作环境、晋升制度、资助体系、学术共同体与网络、决策团体比例等。2012年，欧洲委员会专门出版了《研究机构的结构变化：提高研究和创新的卓越性、性别平等性和效率》(*Structural Change in Research Institutions：Enhancing Excellence, Gender Equality and Efficiency in Research and Innovation*)。关于如何进行制度修正，该书给出了五种解决方案：①对于招聘决策、晋升决策、资助决策、政策制定决策，要打开决策黑箱、让过程透明化；②消除实践（招聘、绩效评价、晋升）中一切无意识的性别偏倚与刻板印象；③增加女性智慧、经验、知识，塑造多元科学文化氛围，从多样化中获得卓越性；④在基础研究、应用研究和成果转化等科学研究过程中增加性别维度，重视性别专用技术与产品的研发；⑤推行性别友好型人力资源管理方式、改善工作环境，制定标准化管理规范，尊重女性法定假期，尽量消除同工不同酬现象、实现工作—家庭平衡等。

性别化创新的发展历程如图7-1所示，欧盟和美国的政府管理者和研究者已经开始重视科学研究与创新中的性别维度，并掀起对性别化创新最佳实践的探索。

要形成性别化创新的新范式，需要在实践中配合运用对应的方法和程序。性别维度是性别化创新的视角，性与性别分析法是方法和程序。在施宾格和欧洲委员会关于"性别维度"的定义中，在研究过程中融入性与性别分析法从而得到的创新成果，即性别维度（Schiebinger等，2015）。在纯科学研究过程

---

① 入排标准是指在临床试验研究之前所制定的纳入和排除标准（inclusion and exclusion criteria），这些标准有可能因过度保护和避责而有意排除女性，尤其是处于特殊生理时期的女性参与临床试验。

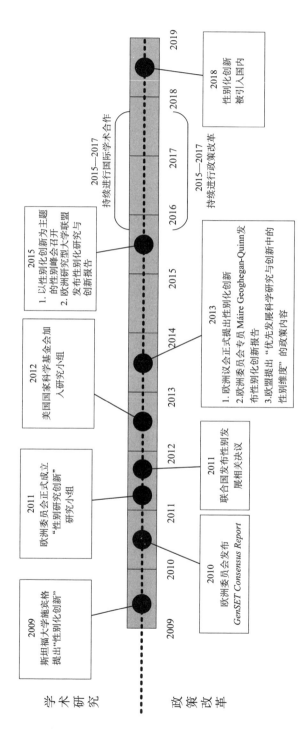

图 7-1 性别化创新的发展历程

中，性别维度能够帮助科学家和研究者以全新的视角来审视客观知识、发现知识存在的缺陷，从而激发创造性的科学发现和新知识。在科学研究与社会互动过程中，性别维度是对传统科学研究维度的冲击，是对科学问题情景的质疑和反思，将推进这一互动过程的重新整合，形成科学研究与社会发展的螺旋上升。性与性别分析法是从知识发现角度而言的，作为一种操作技术，它内嵌于特定的学科、行业情景和技术特点中，研究设计、研究方法、样本选择、数据收集、数据分析等内容也各有差异。虽然它在科学研究全过程中所呈现的形式复杂多样，既包括性别化创新理论、方法论、技术、产品、服务乃至社会运动等，也包括性别平等、尊重性别差异、惠及两性的价值内涵与道德准则。

7.4.2 性别化创新的政策演进

施宾格于2009年开展了主题为"科学、医疗健康、工程和环境中的性别化创新"研究，旨在倡导在科学研究与创新过程中增加性别维度、嵌入性与性别分析法、以性别为视角来重新审视整个过程。

与此同时，施宾格与欧洲委员会共同提出的三种性别化创新战略（修正制度、修正知识、修正女性数量），拓展了性别化创新的外延，涉及与社会环境互动的范畴，为科学研究和创新成果指明了新的方向：①不断发展性与性别分析在基础研究、应用研究和开发研究中的应用方法；②为性与性别分析法提供案例，诠释该方法如何应用到科学研究领域并催生科学创新。显然，不同行业的性与性别分析内容截然不同。根据2012年欧盟委员会公布的项目进展，性别化创新研究共资助了8个领域的研究项目，涉及科学、健康与医疗、工程研究和环境等，并建立了性别化创新的分析工具，其成果能够帮助管理者和研究者改进政策和更好地开展实践活动。

在欧洲委员会中，卓越科学计划（Excellent Science Activities）和"地平线2020"计划（Horizon 2020）都强调了性别因素在科学研究与创新过程中的重要作用。根据欧盟的开放式协调机制（open method of coordination），各成员国应在统一的政策指导框架下制定各自的性别化创新与管理策略。它以欧盟为发育土壤，在本土化和标准化之间谋求平衡，加入能够反映行业、区域、国家特色的信息，兼顾跨国性和统一性。在欧盟提出的"地平线2020"计划中，有两个议程提及性别。其中，第一个议程是从互补性的跨学科、跨行业的合作研究（cross-cutting actions）来看待性别化创新。目前在性别化创新项目中，仅刊出医疗、工程和环境三种行业的案例分析，应用范围有待拓展，从而将性与性别分析法具体化，为各行业提供针对性的性与性别的审查体系和分析内容。第二个议程是从社会参与（societal engagement）来看待性别化创新。让男性和女性充分参与到创新全周期中，使得科学研究与创新过程成为挖掘和获取社会利益与价值的过程，从而持续性地创造出卓越的、社会可接受的创新成果。在"地平线2020"计划中，有三条关于性别化创新的目标：①改善"地平线2020"研究小组内部的性别均衡问题，协助妇女参加科学研究框架的制定；②确保决策层的性别均衡，其中委员会中女性参加者比例不低于40%，咨询小组中女性参加者比例不低于50%；③将性与性别分析法纳入研究过程，提升知识、技术和创新成果的质量和社会相关性。其中，尤其需要引导研究内容中嵌入性与性别维度来促进两性平等，增加基础科学知识的性别维度，使研究成果更好地满足两性需求。

7.4.3 性别化创新的跨国学术合作

性别化创新的学术合作涉及多个国家、多个行业领域以及多个研究阶段。2015年，全球各地区各利益相关者为了提高科学研究与创新卓越性，举办了"2015年性别峰会"，以期通过对话来消除科学知识中的性别偏见，促进科学研究与创新中的性别平等，加深对性别维度在科学研究中的理解，最终达到性别认知和性别平等的一致性认可。此次峰会主题为"更好的科技促进创意经济：通过研究、发展与商业中的性别化创新来提升社会影响"，除了实体化的新产品、新技术，还探讨了支持性别化创新的政策、学术网络、伙伴关系建设、社会经济技术改进等。整个议程内容多元，以此作为基本分析文本，能够较为全面地了解当下性别化创新的研究进展。

会议出版刊物收录论文 59 篇、主旨发言 54 场。通过内容整理，提炼出了以下会议主旨：①通过性别化创新形成卓越的科学研究成果，主要集中在医疗、公共管理、人力资源管理领域，工业产品设计和商业领域的研究成果不多；②制定性别平等的科学研究与创新政策以促进性别化创新，借助各类科学研究组织和基金项目、以创新成果为载体来推动性别化创新政策的制定；③建立 STEM 领域的研发合作与伙伴关系以及学术合作网络和伙伴关系；④借助技术改进和性别平等化来改变公众对性别政策的愿景，主要是医学领域的新成果和杰出女性科学家的引领；⑤探索性别化创新的影响力，尤其是在跨国合作的科学研究与创新项目中的性别化创新。会议议程集中在科学研究与创新链的前端（应用研究之前），较少涉及应用研究、开发研究及其商业化阶段；性别化创新的修正策略存在不平衡，又强调修正知识和修正女性数量，而对修正制度却明显关注不足。

7.4.4 性别化创新在国内的引入与推进

2018 年吴欣桐和陈劲将"性别化创新"引入国内，对性别化创新的理论溯源、基本内涵、发展进路进行系统性研究，并做了前瞻性阐述（陈劲和吴欣桐，2018），提出了性别化创新的分析逻辑以及如何在科学研究中使用性与性别分析法（吴欣桐等，2018）。"性别化"的独特性在构念、基础研究、应用研究、商业化和市场推广到价值实现的完整创新链中得以彰显：① 重视女性经验这一重要的理论源泉，是正视现实世界、日常生活和女性主体身份的体现；② 践诺"服务女性"，为两性所关注的不同社会问题提供解释，让技术创新成果更好地服务两性、适应两性的需求和偏好；③ 重申研究的反身性，不断反思和修正研究的基本假设、研究方法、实验过程、结果阐释与话语表达，从批判性视角对研究主题和研究者本身进行反躬自省。在科学研究与创新过程中，性别化创新分析逻辑强调的是纳入性别数据、女性经验和经历，并在研究与创新过程中对其进行正确的解读和阐述，以在科学知识和职业发展领域获得性别化创新的福利。

7.4.4 性别化创新的实施路径

实施性别化创新,主要有以下三种策略:修正女性数量、修正知识和修正制度。

修正女性数量强调了女性在科学研究与创新过程中的参与,涵盖科学家团队、研发团队和被试群体。由于受到社会分工和性别规范的累积性影响,导致女性的经验、知识和社会网络与男性有明显差异(Faulkner,2001)。但是科学家团队和被试群体的女性经验并不能确保性别化创新成果的产生。为了正确挖掘、使用、解释这些碎片化的女性经验和知识,就需要在研究团队中增加性与性别研究的专家,推动性与性别化分析同具体研究课题的结合。

修正知识是指将性别维度纳入科学研究过程所得到的研究新视角,它是激发创新成果的重要经验来源。被试群体的性与性别分析内容包括组间成员的生理变量和其他社会建构变量(独特的性别规范、两性关系),组内成员的年龄、身高体重、经济水平、教育水平等。对于隐性知识的挖掘,需要借助参与式研究过程(问卷、调查、访谈、焦点小组讨论等)引导被试建立自己对问题的理解、发表个人观点从而进行隐性知识的传递。为了防止性别差异所导致的主观感知汇报偏差,需要尽可能减少自我汇报的题项和调查结果,从而保证测量措施的客观性。例如在医学实验的疼痛感汇报中,男性和女性的汇报基线差异明显,不区分性别地进行分析就会增加组内方差,降低结果的显著性。性别化创新成果的受惠者、产品用户也需要进行性与性别分析,他们是产品设计创新的潜在来源。尤其是在个人消费品外观设计、功能设计上,要充分调研两性的真实需求、尊重个体差异。

修正制度是指通过科研组织和团队中的结构性改变,改善女性研发人员的职业生涯发展和工作环境的性别平等(NSF,2014;EC,2012)。研究机构目前面临五类制度弊端:①黑箱式决策过程,与"老男孩"网络(old boys network)和资助决策过程相关;②评价偏倚,无法充分保证女性在科学研究领域的职业计划和成果评价的公平承诺;③无意识性别偏见仍然存在,尤其是在同行评议中；④忽视性别要素导致在知识、技术和创新中产生了大量的机会浪费和认知错误；⑤工作情景中的性别歧视，包括收入差距、家庭与工作的冲突、男性集权化、权威－追随关系（the Guru/Acolytes Model of Power Relations）。美国国家科学基金会的 ADVANCE 计划率先开展科学研究机构的制度变革，随后欧洲也开始尝试但规模尚待拓展。修正制度将成为未来性别化创新的重点内容（Schiebinger 和 Klinge，2013）。

性与性别分析法的核心在于发现并解释两性差异。但也需要正视如下问题：①刻板印象。研究者应判断所发现的差异是否是客观存在的以及是否能确保这种差异并不是基于刻板印象的性别差异。②过犹不及。性与性别只是众多影响因素之一，研究者应确保不因过度重视性与性别因素而忽视其他因素。③过度保护问题仍然存在。在很多临床试验中，设定了严格的临床被试筛选标准，例如为了保护妊娠期女性，她们大多被排除在临床试验之外。这使得妊娠期女性的药物使用临床数据较少、药物效果及不良反应无法准确测量，导致诸多新药和新设备不适合孕妇使用以及最新医药进步无法快速惠及孕妇（Baylis，2010）。

参考文献

BAYLIS F. 2010. Pregnant women deserve better[J]. Nature, 465(7299)：689-690.

EUROPEAN COMMISSION. 2013. Gendered innovations：how gender analysis contributes to research[R]. Brussels：EU.

EUROPEAN COMMISSION. Structural change of research institutions[EB/OL]. (2012-03-19)[2023-06-19]. https://ec.europa.eu/research/science-society/document_library/pdf_06/structural-changes-final-report_en.pdf.

FAULKNER W. 2001. The technology question in feminism：a view from feminist technology studies[C]. Pergamon：Women's Studies International Forum.

GENSET PROJECT. 2010. Recommendations for action on the gender dimension in science：genSET consensus seminar report[R]. London：Portia.

HUDRY B, KHADAYATE S, MIGUEL-ALIAGA I. 2016. The sexual identity of adult intestinal stem cells controls organ size and plasticity[J]. Nature, 530(7590): 344.

KARP N A, MASON J, BEAUDET A L, et al. 2017. Prevalence of sexual dimorphism in mammalian phenotypic traits[J]. Nature communications, 8(1): 1-12.

MAUVAIS-JARVIS F, ARNOLD A P, REUE K. 2017. A guide for the design of pre-clinical studies on sex differences in metabolism[J]. Cell Metabolism, 25(6): 1216-1230.

MAZZUCATO M, PENNA C. 2015. Mission-oriented finance for innovation: new ideas for investment-led growth[M]. Lambeth: Rowman & Littlefield International Publisher.

MAZZUCATO M, PENNA C. 2016. The Brazilian innovation system: a mission-oriented policy proposal[R]. Brasília: Centro de Gestão e Estudos Estratégicos.

MINKLER M, BLACKWELL A G, THOMPSON M, et al. 2003. Community-based participatory research: implications for public health funding[J]. American Journal of Public Health, 93(8): 1210-1213.

NATIONAL SCIENCE FOUNDATION. ADVANCE: Increasing the participation and advancement of women in academic science and engineering careers[DB/OL]. [2023-06-19]. http://www.nsf.gov/funding/pgm_summ.jsp?pims_id=5383.

POPPER K. 2005. The logic of scientific discovery[M]. New York: Routledge.

SCHIEBINGER L, KLINGE I, SÁNCHEZ DE MADARIAGA I, et al. Gendered innovations in science, health & medicine, engineering and environment[EB/OL]. [2023-06-19]. http://ec.europa.eu/research/gendered-innovations/.

SCHIEBINGER L, KLINGE I. 2013. Gendered innovations: how gender analysis contributes to research[J]. Publications Office of the European Union, 6: 14.

SCHIEBINGER L. 1991. The mind has no sex? Women in the origins of modern science[M]. Cambridge: Harvard University Press.

SCHIEBINGER L. 1993. Nature's body: gender in the making of modern science[M]. New Brunswick: Rutgers University Press.

SCHIEBINGER L. 2000. Has feminism changed science?[J]. Signs: Journal of Women in Culture and Society, 25(4): 1171-1175.

SPENCE J T, HELMREICH R L. 1979. Masculinity and femininity: their psychological dimensions, correlates, and antecedents[M]. Austin: University of Texas Press.

SPENCE J T, HELMREICH R L, STAPP J. 1975. Ratings of self and peers on sex role attributes and their relation to self-esteem and conceptions of masculinity and femininity[J]. Journal of personality and social psychology, 32(1)：29.

STOLLER R J. 1994. Sex and gender：the development of masculinity and femininity[M]. London：Karnac Books.

UN WOMEN. 2011. Report on the fifty-fifth session of the commission on the status of women[R/OL]. (2011-03-14) [2023-06-19]. www.un.org/womenwatch/daw/csw/55sess.htm.

波普尔. 1987. 科学知识进化论 [M]. 纪树立，译. 北京：生活·读书·新知三联书店.

陈劲，吴欣桐. 2018. 性别化创新的理论内涵与实践应用：性与性别分析法的贡献 [J]. 社会科学战线, (04)：67-74.

梅亮，陈劲. 2015. 责任式创新：源起、归因解析与理论框架 [J]. 管理世界, (8)：39-57.

吴欣桐，陈劲，梁琳. 2018. 性别化创新的分析逻辑：科学研究中的性与性别分析法 [J]. 科学学研究, 36(09)：1659-1667.

张君弟. 2017. 反思、重返与二阶科学：一场新型科学结构的革命? [J]. 科学学研究, 35(8)：1130-1135.

第 8 章

全过程模型：性别化创新的过程解构 *

  2018 年，第 78 届国际管理学年会在美国芝加哥召开，主题为"改善生活"（improving lives），体现了管理理论的人文关怀。在会议议程中，诸如人工智能、老龄化、包容性社会、反贫困、国际移民、性别平等等越来越多的社会问题开始被引入管理领域。管理学者试图用科学的管理方式完成对实现某一社会目标的规范化和组织化。创新日益成为国内学界和业界的显学，创新管理也日益发挥其实践指导作用。创新管理是一套整合企业创意管理、研究与开发管理、制造管理和营销管理的企业管理模式，它运用战略、组织、资源和制度（文化）等学科逻辑，系统地推动创新的产生、发展和应用，有效地调控创新的程度与频率，是一套复杂的企业管理理论与方法论体系（陈劲和郑刚，2013）。其本身具备了跨学科性、多功能性，涉及的技术、市场、组织变革和社会存在复杂的互动关系。笔者在性别化创新及其分析逻辑的基础上，提出性别化创新管理及其全过程模型。该模型在原有的创新管理框架中纳入了性别维度，彰显了创新管理中的人文关怀和以人为本的理念。性别平等、服务两性作为性别化创新管理最为直观的社会影响和福利效应，体现了学者开发管理理论以服务于美好生活的期望。

---

* 本章内容源于本书两位作者已发表论文：吴欣桐，陈劲 . 2019. 创新管理范式的解构与重塑：性别化的视角解析 [J]. 科学学研究 , 37(09)：1671-1679。

第 8 章
全过程模型：性别化创新的过程解构

8.1 性别化创新管理的社会建构基础

创新管理范式被性别化解构与重塑的社会建构基础如图 8-1 所示。从科学史到组织管理，再到科学技术创新，性与性别因素不断渗透、实现着边界的跨越。可以发现：科学史中的性别维度，是从性与性别角度对已经发生的科技发展历程进行二次解读以及对科学史进行的反思和审查，是一种对既定事实的认知修正；政策研究中的性别维度，从两性平等和普惠价值的角度提倡所有政策的制定目标和惠及对象应该遵循性别平等的基本主张，从而提高政策成果的社会满意性与社会可接受性；组织管理领域中的性别维度，强调女性这一重要的劳动力在经济发展、企业管理中扮演的重要角色，并通过实证研究证明性别在因果关系分析中存在的现实效应来制定出性别友好型管理政策，体现出以指导实践为目的；科学技术创新中的性别维度，强调性与性别因素在科学技术创新链条中所发挥的影响力，并通过性与性别分析工具在科学技术创新中嵌入性别维度，致力于正在发生的创新实践活动进行改进。

创新管理的"性别化"本身是一个具有批判性的概念。它承认了创新管理不只是一个单纯的管理过程，直指其社会建构属性及其背后所蕴含的社会进程。也就是说，"性别化"的创新管理要求对整个创新管理过程持有更加审慎和批判的态度，从而让创新主体达成性别化的思维共识和行动模式共识。要形成性别化创新管理的新范式，应在实践过程中配合运用对应的方法、技术和程序。操作方法与管理过程的契合程度决定了管理效率和效果。基于对创新管理范式的性别化解构与重塑，笔者提炼出"性别化创新管理"的概念，即在组织的管理过程（战略管理、人力资源管理、运营管理等）中，充分考虑性与性别因素并将性与性别分析法融入管理过程，从而得到的创新成果，促进组织绩效、形成性别化创新理论、方法论、技术、产品、服务，并与社会环境形成互动，推动对两性负责的创新管理研究成果的产出、缓解社会的性别刻板印象威胁，最终形成性别平等的创新管理政策与制度。

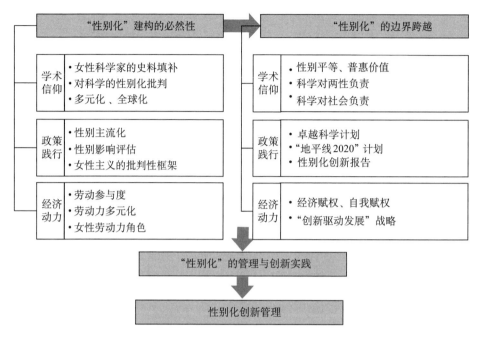

图 8-1 创新管理范式被性别化解构与重塑的社会建构基础

8.2 性别化创新管理的全过程模型

基于陈劲教授在 2006 年提出的创新全过程模型（陈劲，2006），笔者提出了性别化创新管理的全过程模型。为了适应并实现"性别化"，笔者对每一个阶段进行解构并借助"修正制度""修正知识"和"修正数量"三种性别化创新战略实现对现有创新管理的改进和补充以及性别化重塑，从而使组织边界内的创新管理性别化成为可能。性别化创新管理的全过程模型如图 8-2 所示，它与传统创新管理的全过程模型的比较如表 8-1 所示。

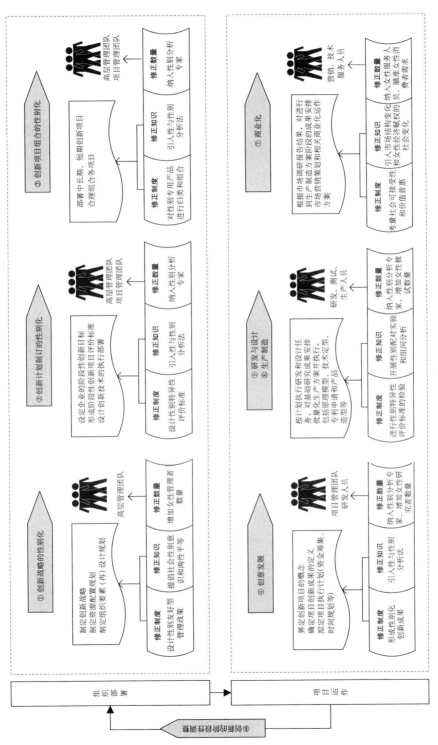

图 8-2 性别化创新管理的全过程模型

表 8-1 传统创新管理的全过程模型与性别化创新管理的全过程模型的比较

过程	创新管理全过程	性别化创新管理	
1. 创新战略的性别化	根据组织内外环境特征、组织整体战略等选择发展方向，并据此制定创新战略及其资源配置规划、组织要素再设计规划	修正制度	设计性别友好型管理政策
		修正知识	组织愿景中提倡社会性别意识和两性平等
		修正数量	增加女性管理者数量
2. 创新计划制订的性别化	按照创新战略设定阶段性创新目标，并据此形成阶段性创新项目评价标准，同时设计创新技术的执行部署	修正制度	设计性别特异性评价标准
		修正知识	引入性与性别分析法
		修正数量	纳入性别分析专家
3. 创新项目组合的性别化	按照创新战略部署中长期、短期创新项目，将各种项目进行合理组合	修正制度	对性别专用产品进行归类和组合
		修正知识	引入性与性别分析法
		修正数量	纳入性别分析专家
4. 创意发展	按照创新战略发展的要求在项目小组内展开交流，以便进一步识别和评估机会，并廓清创新项目的概念和项目成果的定义，拟订详细的项目执行计划	修正制度	形成性别化创新成果
		修正知识	引入性与性别分析法
		修正数量	纳入性别分析专家、增加女性研究者数量
5. 研发与设计	按计划执行研发与设计任务，对研发与设计成功的成果安排批量化生产方案并予以执行，可以对任务进行质疑并反复讨论和修改，也可以提前终止没有商业化前景的项目	修正制度	进行性别特异性评价标准的检验
6. 生产制造		修正知识	开展性别配对实验和组间分析
		修正数量	纳入性别分析专家、增加女性被试数量

（续表）

过程	创新管理全过程	性别化创新管理	
7. 商业化	对进入到生产制造方案阶段的成果安排商业化运作方案并予以执行，也可以提前终止商业化前景不好的项目	修正制度	考量社会可接受性和价值普惠
		修正知识	引入市场结构变化和女性经济赋权的社会变化
		修正数量	纳入女性服务人员、瞄准女性消费者需求
8. 创新的阶段性调整	对本期的创新成果进行审计，对创新管理行为进行处理，例如将一些提前终止的项目作为后备项目或进行授权、转让等，并据此调整创新战略，使其成为下一创新循环的输入		

组织部署阶段包含创新战略、创新计划制订以及创新项目组合的性别化。

第一，创新战略的性别化。通常，企业会根据内外部环境特征、组织整体战略、发展愿景和企业文化制定企业创新战略、相关的资源配置规划和为了适应创新活动而做出的组织变革与再设计规划。在社会文化和文明发展的推进下，社会性别意识的觉醒和两性平等观念的普及为在企业文化和愿景中植入"性别化"提供了丰富的文化和思想沃土，例如通过制定性别友好型创新管理制度，来实现组织层面的性别化制度修正。该环节的主要参与者是高层管理团队。女性领导者数量及占比的提升，能够增强女性在组织内部决策层的话语权，让两性平等意识深入管理层内部。

第二，创新计划制订的性别化。即根据创新战略设定阶段性创新目标，并据此形成阶段性创新项目评价标准，同时设计创新技术的执行部署，重点评估项目对性别特异性研究的贡献。随着性与性别分析法的普及、性别化创新工具包的开发，各类行业尝试开展性别化创新项目研究并建立性别特异性评价标准，从而衡量创新目标是否实现了两性平等和普惠价值。目标的确定，能够有效引领性别化创新项目的开展。该环节要将性别分析专家纳入项目管理团队，使其深入到创新项目的设计过程中，为评价标准的制定提供可参照的评估体系和方法。

第三，创新项目组合的性别化。它是将各个创新项目进行合理地分配组合，以降低创新风险。性别化创新项目聚焦某一类特定的细分市场（女婴、孕妇、绝经女性、职场女性等），预期的市场规模和市场接受程度均具有较高风险，而项目对实验结果鲁棒性的要求更高，存在投入大、获利少的状况。合理地将创新项目进行分配组合，把低风险创新项目与性别化创新项目放在同期，能够有效分摊期间的总体风险。该环节的主要参与者是性别分析专家，他们需要合理评估性别化创新项目的市场容量、市场接受程度以及可控市场收入。

项目运作是针对特定的性别化创新项目的创意、研发、设计、生产和商业化全过程它包含创意发展、研发与设计、生产制造、商业化以及创新的阶段性调整。

第一，创意发展是按照创新项目发展的要求在小组内展开讨论，以便进一步识别和评估"性别化"的可能性，从而发现设计缺陷并找到性别化创新机会。该环节应提高女性研究员在研发团队中的比重，并综合考虑性别分析专家的意见，纳入女性被试数据、女性经验以及女性经历（Karp 等，2017），从而不断细化和廓清创新项目的概念和项目成果的定义。

第二，研发与设计、生产制造是按照计划执行研发、设计和生产任务，在这个过程中可以对创新项目质疑并反复讨论和修改。该过程涉及基础研究、原理研究、技术定型、专利申请、产品造型等，需要使用性别配对实验、组间分析等方法，检验创新计划制订的性别化环节中的性别特异性评价标准是否实现。

第三，商业化是对生产成果进行商业化运作。随着女性经济赋权的发展，消费市场结构和家庭地位变化使女性消费决策影响力逐步提升。在性别化创新项目的市场调研和营销策划中，要充分考虑细分市场顾客的消费偏好、消费频率、消费时间、使用习惯、信息接收方式等，制定针对性的广告策略、价格策略、促销策略、服务策略等，成功实现产品的商业化。该环节应增加营销和服务团队中女性的数量，以更好地理解女性消费者需求。

第四，创新的阶段性调整是一项总结性的工作，是对性别化创新项目是否实现了创新目标、是否盈利、是否实现普惠价值等进行评价和经验总结，以此作为下一个创新循环的重要输入。

创新管理范式的性别化解构与重塑是一个社会建构的过程，伴随着理论进步、技术发展、社会发展、市场力量等因素的交互作用。在建构过程中，原有的创新管理过程模型被打碎，纳入性别维度后进行重塑，引入了新的社会控制手段，在不断地定义和操作中逐渐实现创新行为在理论和实践层面的性别化。

参考文献

KARP N A, MASON J, BEAUDET A L, et al. 2017. Prevalence of sexual dimorphism in mammalian phenotypic traits[J]. Nature Communications, 8：15475.

陈劲 . 2006. 技术创新管理方法 [M]. 北京：清华大学出版社 .

陈劲，郑刚 . 2013. 创新管理：赢得持续竞争优势 . 第 2 版 [M]. 北京：北京大学出版社 .

吴欣桐 , 陈劲 , 梅亮 , 等 .2017. 刻板印象：女性创新者在技术创新中的威胁抑或机会 ?[J]. 外国经济与管理 ,39(11)：45-60.

第9章

性与性别分析法：性别化创新的分析工具 *

"范式"这一概念最初由美国著名科学哲学家库恩（2012）提出。它能够促使学术共同体采用共同的信念、视角、观点和方法，形成符合其范式的理论体系以协调其行为方式。性别化创新作为一种创新范式，影响着科学研究的理论分析方法和实践规范，其核心分析方法是性与性别分析法。在基础研究、应用研究和开发研究中嵌入性与性别分析法，能够实现对科学研究性别维度的反思，审视原有科学研究中可能被忽视的理论间隙，从而得到性别化研究新发现。

目前，施宾格所领导的性别化创新管理研究课题涉及生物科学、健康与医疗、工程和环境四个领域，而欧洲委员会指出性与性别分析法适用于130个科学研究领域。不同行业领域存在各具特色的研究过程和技术属性，性别化创新过程自然不会千篇一律。当将性与性别分析嵌入各个领域的研究过程并进行科学考量时，由于特定领域的科学研究专家并不是性与性别分析专家，他们很可能无法充分识别并恰当分析行业中的性与性别因素。另外，一旦形成类似于"一千个哈姆雷特"的多样化局面，只会增加性别化创新的复杂性，使其变得难以操作和推广，最终沦为纸上谈兵的口号。

---

* 本章内容源于本书两位作者已发表论文：吴欣桐，陈劲，梁琳.2018.性别化创新的分析逻辑：科学研究中的性与性别分析法 [J].科学学研究，36(09)：1659-1667；陈劲，吴欣桐.2018.性别化创新的理论内涵与实践应用：性与性别分析法的贡献 [J].社会科学战线，(04)：67-74。

第 9 章
性与性别分析法：性别化创新的分析工具

性别化创新的分析工具是从多样化学科研究属性中提取的统一化流程，是一次处理理论创新严谨性和实践过程可操作性之间张力的尝试。与此同时，性别化创新让以往在科学研究过程中浮光掠影般的性与性别因素重新浮出水面，它们不再是扮演控制变量的边缘角色，而成为科学研究中无法回避且不可或缺的重要内容，对提升创新理论成果的应用价值以及输出科学研究的性别平等价值取向意义重大。

9.1 性与性别分析法的嵌入

之所以强调从性别维度看待科学研究与创新、嵌入性与性别分析法，主要源于忽视性与性别因素而导致的一系列偏倚：①对于研究者而言，概念、假设、命题、方法等方面存在缺省设置（陈劲和吴欣桐，2018）。②对于研究资助机构、研究机构负责人、审稿人等同行评议者而言，存在资助决策、项目申报决策和发表决策的决策黑箱与决策优先性，一方面女性研究者被排除在"老男孩网络"之外，另一方面有价值的性别化研究课题往往被认定为边缘性研究而未能获得资助。③对于研究成果而言，尤其是在工程、商业和医疗健康领域，忽视性与性别因素会导致错失市场机会、遭受经济损失甚至面临生命财产威胁（Roth 等，2014）。

要在科学研究与创新中实施性别化创新，需要在操作层面上明确如何将性别维度融入科学研究过程以及如何实施性别分析法。笔者主要参考了施宾格所列出的历年来关于性别化创新的法律法规、法案指令及政策措施，汇总了 1960—2016 年美国、加拿大等国家和欧盟、联合国等国际组织有关政策和法律规范发展历程，这些经过国会、议会和相关机构认可并颁布的系统科学、合理可行的措施在实践中得到了有效认证，可以为如何实施性别化创新提供重要参考。接下来，笔者将对此进行内容分析，从中提炼出性别化创新的演进过程（如图 9-1 所示），并以此作为性别化创新分析逻辑的主体框架。不同行业均可以依据该分析逻辑来建立细节化、具体化的操作程序。整个性别化创新的过程

性别化创新
>>> 创新管理研究的女性主义视野

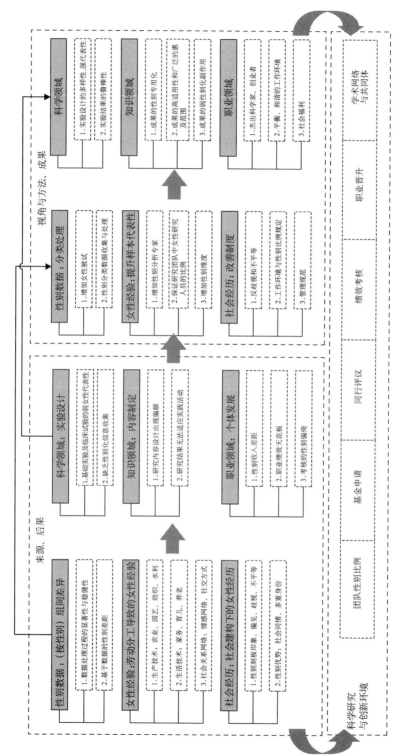

图 9-1 性别化创新的分析逻辑

演进分为来源、后果、视角与方法、成果四大部分，并与外部的科学研究与创新环境形成互动，共同完成对女性数量、制度与知识的修正。

9.2 输入：性别数据、女性经验和经历

性别化创新主要有三种输入来源：性别数据、女性经验和社会经历。性别数据是基于实验室研究或社会调查统计所得到的客观存在的数据，需要经过分析、加工才能形成有价值的信息和知识；女性经验是女性在社会生产和生活中不断积累的、不易言传的智慧结晶，需要经过系统组织和科学验证方能被纳入到科学知识系统中；社会经历是对实际生活的主观描述，反映了对社会生活和社交活动的主观思考和社会建构过程，是在性别化知识与社会互动过程中需要重点考虑的内容。

9.2.1 性别数据与组间差异

在实验过程中，按性别设置对照组或对数据按性别进行分组处理，能够充分挖掘数据的性别差异，有助于发掘隐藏于性别背后的潜在原因、找到被忽视的理论间隙，从而得到创新成果。一个反例发生在医疗图像识别领域癌症影像档案馆（The Cancer Imaging Archive，TCIA）收录的72项肿瘤图片数据集中，没有汇报病例的性别信息，这使得使用该数据集的人工智能技术设计者必须接受该数据集下的缺省性研究假设，即"在CT图像数据集中，男性和女性的癌症图像不存在差异，对于图像识别技术无影响"。目前，在生命科学领域，Karp等（2017）发表在 *Nature Communication* 上的文章已经指出，动物实验中的性别要素会对一半以上的医学研究结果产生重大影响；英国伦敦国王学院临床医学中心的科学家在果蝇实验中证实了器官具有性别差异（Bruno等，2016）。虽然学界关于两性生理差异对生物学现象和疾病机制的影响早有共识，但是由于女性存在多种复杂且相互影响的生理周期（青春期、妊娠期、更年期、绝经期等）而被认定为具有更多的变量，导致常被排除在被试范围之外。

具体而言,将女性纳入实验,会增加实验难度和不可控性。尤其是当孕妇参与实验时,研发团队或制药公司往往需要拉长实验周期、增加用药反馈调查工作量以及承担更多的法律责任。从实验周期来看,为研究某种药物在妊娠期的安全性和剂量,研究人员需要安排处于不同妊娠期的女性进入实验(Redmond,1985);而为了降低风险,他们需要尽可能降低一次性使用的剂量并仔细分析药物对孕妇和胎儿的共同影响。从用药反馈调查来看,当孕妇加入实验时,研究人员需要调查药物对胎儿和孩子出生后的副作用,这也会大大延长了临床试验周期。从法律责任承担来看,在副作用的临床试验数据不完善的情况下,药物说明书、适应症描述中所涉及的法律责任都会被制药企业规避,因此很多药物在不能确定孕期使用安全性的情况下,会被直接打上"孕妇禁用"的标签。制药公司将孕妇排除在被试范围之外(Mohanna 和 Tunna,1999),使得实验过程中的性别数据奇缺、性别化创新无法开展。

9.2.2 劳动分工下的女性经验

由于社会角色和劳动分工不同,因而男性和女性在生产技术经验、生活技术经验和社会关系网络等方面均具有差异。早有学者认为,女性具有丰富的土生土长的经验(indigenous knowledge)(Fernandez 和 Tick 等,1994)。但很多科学研究者忽视了该类型经验所具备的科学价值。它们之所以能够被定义为"科学",是因为该类型经验也是在经历了系统性观察、实践和适应调整过程之后形成的,并且它们直接作用于实践活动、能够直接改善日常生活和个人生活质量(UNCSTD,1995)。

女性和男性的经验具有明显的性别差异。Hill(1993)研究生活在偏远的安第斯山脉的部落时发现,女性在畜牧管理上具有更丰富的经验,而男性在土壤识别上更加准确,这进而决定了男女在家庭决策中的地位和家务管辖范围。Basu 等(2009)在对西孟加拉邦香蕉种植业的研究中发现,在印度从事农业事务的大多是妇女,女性所拥有的本土化农业知识对当地农业发展、香蕉种植技术改进至关重要(Chambers 等,1989),有必要去分析并整合基于理性的科学知识和那些看似神秘的经验（Puri，2007）。另外，Gupta（2011）考察了女性在家宅布置和园林设计中的有效性；他们发现女性参与的家宅布置和园林设计是一个复杂的设计系统，自成体系并无意识地迎合了某些设计规则。这些本土化的女性经验，本应该作为一种智慧结晶得到传承和发扬，但随着现代科学迅猛发展，这些经验被认为是缺乏考证和证实的谬误。

9.2.3 社会建构下的女性经历

社会建构下的女性经历主要源于性别刻板印象。与此相关的概念包括身份不一致性、偏见、歧视和性别不平等（温芳芳，2016）。社会对女性的预设形象会使得女性某些行为被他人视作是异类或独树一帜的，女性面临身份不一致性和身份合法性的缺失，遭受着来自社会的偏见和歧视。偏见是对女性群体的一种消极、否定态度，仅限于情绪和认知层面。偏见发展到一定阶段、积累到一定强度就会形成歧视，引发否定性后果，例如性别不平等。在社会认知图式之下，女性将职业定位在服务行业甚至圈定在家庭之中。如果女性处在 STEM 或其他非预设职业领域内，就极有可能面临职业天花板、能力感知和绩效考核的性别偏倚等问题，从而在工作中缺乏归属感，产生强烈的危机感和敏感心理（Walton 和 Cohen，2007），形成自我否定的心理状态，这是较之男性而言女性所独有的经历和心路历程。吴欣桐等（2017）通过对女性创新者所面临的刻板印象进行研究，认为女性有可能会同时扮演着管理者、员工、友人、母亲、妻子和女儿等多重身份，当女性发现自己缺少某一种身份的合法性时，可以启动其他环境中的积极身份来树立自我地位，通过横向空间上的身份转化来实现职业身份的调整。同时，上级对女性下属的能力认知水平偏低，宽容倾向会更强。所以，性别刻板印象并不代表刻板印象威胁。

9.3 处理：性与性别分析法

性与性别分析法是性别化创新的重要的流程化方法，主要内嵌于构念产生阶段、基础研究阶段和应用研究阶段，详细过程如图 9-2 所示。

在构念产生阶段，需要开放数据和经验的源头、注重内外部输入资源的整合，主要注意以下四方面：

第一，扩大数据规模。尽可能纳入大量有效的基础实验及临床试验数据、测试数据、市场调查数据等，保证丰富的基础数据资源。

第二，实验标准化与数据共享。确保标准化实验环境，以便在经费资源有限的情况下，扩大可整合的样本规模、提高实验可比性，并与其他国家、地区、组织、实验团队进行内外部数据共享。

第三，经验的证实与证伪。强化科学研究团队对内外部经验的整合，兼顾科学知识和本土化的生产、生活、社会交往经验。一方面用科学知识来证实或修正本土经验，另一方面用本土经验来弥补科学知识所忽视的理论间隙。

第四，外延拓展。外部经验来源需要更加多样化，不局限于实验室或科学研究体系内的数据，尤其要注重收集主要从事该类型劳动的从业者的经验，并且分类（分地域、分经济发展水平等）进行充分调查，了解他们在环境约束下如何调整劳动经验。

在基础研究阶段，针对性别数据缺失问题，需要在实验设计和实施阶段参考性与性别分析专家的意见，据此修改和完善已有的研究内容和步骤设计。在有一定数据基础之后，需要对性别数据进行分析和挖掘。基础研究中常见的性与性别分析法有以下三种：

第一，在实验实施阶段，制定入选被试标准（确保其他干扰因素的平衡与匹配）并尽可能增加样本量、提升样本代表性，设计性别配对实验（包括人体实验、动物实验、细胞实验的性别配对实验），设置控制组或对照组，基于 VR 技术进行性别互换等。

第二，在数据处理阶段，需要检验性别分类的基线标准，分析组间方差及

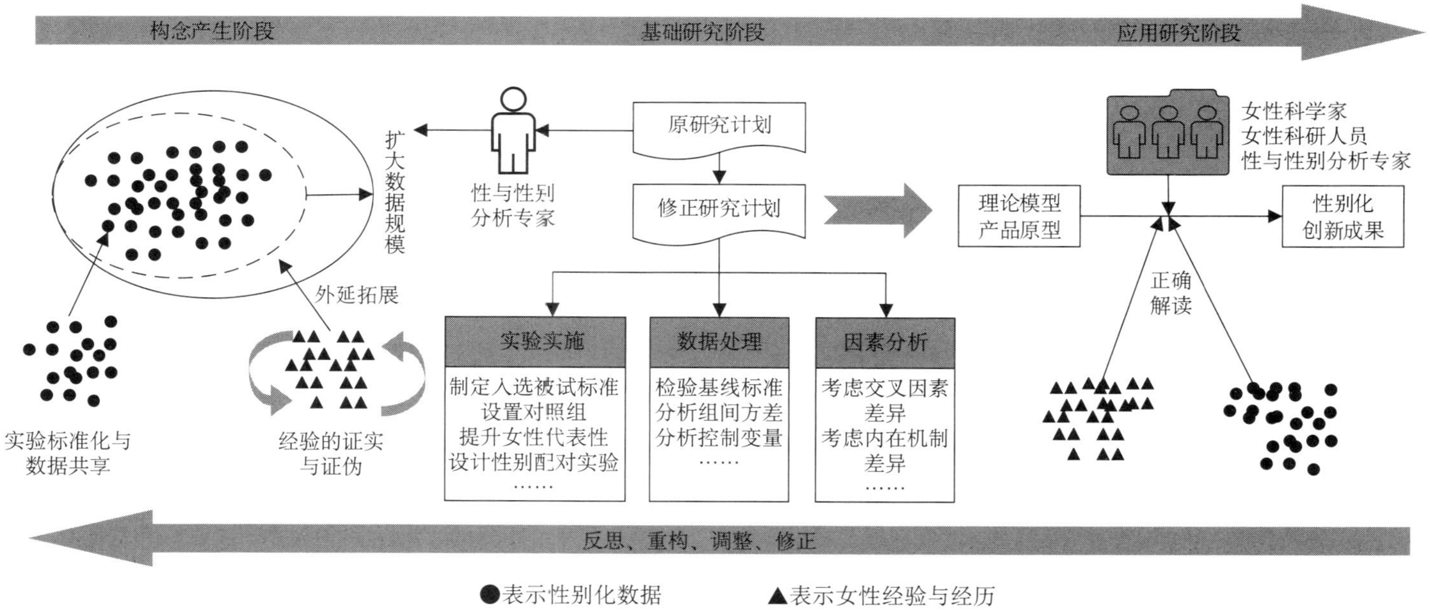

图 9-2 性别化创新的过程演进：性与性别分析法

控制变量。

第三,针对因素分析,尤其是医学上的病例对照研究,从结局推导到暴露条件时,要充分考虑性别所导致的其他交叉因素和内在机制差异(例如由于性别要素而导致的饮食结构、运动习惯、有毒化学物质暴露等性别差异)。上述的实验设计、实施和分析过程,有助于将性别化数据和文本资料转化成性别化信息与知识。

在应用研究阶段,要考虑将女性经验纳入研究范畴,将经验知识与实验室知识进行匹配和验证。为了充分收集、分析和挖掘女性经验的来源,除了扩大调查范围,一方面要保证研究团队中的女性研究人员比例,让女性经验更容易被识别和理解,并被顺利地重新组织和解释为科学化语言,用系统的科学过程对其进行证实或证伪;另一方面要追本溯源,通过交叉因素的设计来分类调查、寻找导致女性经验积累的根源(例如生理因素、劳动分工、地域限制、政策制度、经济水平、自主决策等)。女性经验为基于实验室研究的科学知识提供了全新的实践视角,从日常生产和生活角度来考察实验室研究的适用性和有效性、反思实验室研究能否适用于实践过程,促进研究调整并反向验证女性经验究竟是知识还是吊诡。

9.4 输出:科学、知识、职业发展福利

一旦忽视性与性别因素的来源,就会导致在科学研究、知识、职业三个领域产生不良后果:在科学研究领域,表现为基础研究及临床试验中的女性代表性较弱或缺乏性别化信息,从而削弱了科学实验的被试代表性或实验结果的信度与效度;在知识领域,忽视女性经验和社会经历将导致研究内容设计出现偏颇、研究结果有可能无法适应实践活动;在职业领域,表现为直接影响个人职业生涯发展,导致性别收入差距、职业天花板和绩效考核的性别偏倚。

性别化创新成果可直接应用于开发研究和商业化领域。实验室数据和女性经验,经过实践调整和科学系统证实之后,形成了专利或知识产权,并最终转

化成可推广的、具有商业价值和社会价值的产品、技术、服务等。开放的实验数据以及多样化和代表性强的女性被试样本，能够有效提高实验结果的鲁棒性、保证实验结论的科学性和有效性。多元化的女性经验能够为实验研究提供实践考量视角。凝聚了性别数据、女性经验的产品、技术、服务具有性别专用化、高适用性、广泛的惠及范围、弱性别化副作用等特点。凝结在实体产品和服务中的性别要素和内在的性别平等意识将会随着使用、普及和社会接纳过程融入社会生活，并反作用于社会建构的性别刻板印象，改善行业的性别比例失衡、职业天花板、决策黑箱、考核偏倚等现象，将学术共同体、科学研究网络和整个社会建构过程逐渐引入性别平等与和谐发展的方向。

参考文献

BASU D, BANERJEE S, GOSWAMI R, et al. 2009. Farmers' knowledge management in banana cultivation in a village of West Bengal, India：a reflection of farmer managed technology adaptation and transfer in horticulture.[J]. Acta Horticulturae, 832：49-56.

BRUNO H, SANJAY K, IRENE M A. 2016. The sexual identity of adult intestinal stem cells controls organ size and plasticity[J]. Nature, 530(7590)：344.

CHAMBERS R G, PACEY A, THRUPP L A. 1989. Farmer first：farmer innovation and agricultural research[J]. Farmer First Farmer Innovation & Agricultural Research, 149-173.

FERNANDEZ M E, TICK A W. 1994. Gender and indigenous knowledge[J]. Indigenous Knowledge Monitor, 3(2)：2.

GUPTA A D. 2011. Does indigenous knowledge have anything to deal with sustainable development?[J]. Antrocom Online Journal of Anthropology, 7(1), 57-64.

HILL C L M. 1993. Healthy communities, healthy animals：reconceptualizing health and wellness; preliminary discussion paper[J/OL].（1993-10-12）[2023-06-26]. https://idl-bnc-idrc.dspacedirect.org/bitstream/handle/10625/14270/101904.pdf?sequence=1.

KARP N A, MASON J, BEAUDET A L, et al. 2017. Prevalence of sexual dimorphism in mammalian phenotypic traits[J]. Nature Communications, 8：15475.

MOHANNA K, TUNNA K. 1999. Withholding consent to participate in clinical trials：decisions of pregnant women[J]. Bjog An International Journal of Obstetrics & Gynaecology, 106(9): 892.

PURI S K. 2007. Integrating scientific with indigenous knowledge: constructing knowledge alliances for land management in India[J]. MIS Quarterly, 31(2): 355-379.

REDMOND G P. 1985. Physiological changes during pregnancy and their implications for pharmacological treatment[J]. Clinical & Investigative Medicine, 8(4): 317-22.

ROTH J A, ETZIONI R, WATERS T M, et al. 2014. Economic return from the women's health initiative estrogen plus progestin clinical trial: a modeling study[J]. Annals of Internal Medicine, 160(9): 594.

UNITED NATIONS COMMISSION ON SCIENCE AND TECHNOLOGY FOR DEVELOPMENT.1995.Missing links: gender equity in science and technology for development[J]. International Development Research Centre in Association with Intermediate Technology Publications and UNIFEM, 32(100): 399-406.

WALTON G M, COHEN G L. 2007. A question of belonging: race, social fit, and achievement[J]. Journal of Personality and Social Psychology, 92(1): 82-96.

陈劲，吴欣桐. 2018. 性别化创新的理论内涵与实践应用：性与性别分析法的贡献 [J]. 社会科学战线，(04): 67-74.

库恩. 2012. 科学革命的结构：第 4 版 [M]. 金吾伦，胡新和，译. 北京：北京大学出版社.

温芳芳. 2016. 男性化与女性化：面孔吸引力研究 [M]. 武汉：华中师范大学出版社.

第 10 章

性别影响评估：性别化创新的影响评价工具 *

　　大国崛起，需要日益解放的劳动力与和谐的社会关系作为有力的社会支撑。两性平等享受改革和科技发展的成果，是衡量社会协调发展的重要尺度。创新是驱动国家崛起的重要力量，创新成果形式呈现出显著的多样化特点，包括科技创新、产品创新、服务创新、政策创新、治理创新、商业模式创新、管理创新等。让全体公民共享科技创新成果所带来的福利提升，是提高公民获得感并通向美好生活的重要途径。然而，由于诸多创新成果忽视性与性别差异、缺少对性别影响的判断，导致创新成果的性别影响会随着社会建构过程而呈现出不确定性。具体而言，为了保护孕妇与胎儿安全而限制孕妇进入药物临床试验，致使很多新药缺少孕妇用药安全性数据而被禁用，孕妇无法完全共享医药创新成果；虽然燃料乙醇、燃料电池、分布式能源站等新能源技术不断突破，但是每个人并未均衡地从中受益，例如农村妇女仍需花费大量时间收集固体生物燃料并长期暴露在受生物质燃料污染的室内空气中。因而，对创新成果进行性别影响评估、考察其社会性别影响是创新成果评价中不可被忽视的方面，也是科技成果治理的发展方向。

---

* 本章内容源于本书两位作者已发表论文：吴欣桐，陈劲，梅亮. 2019. 创新管理中的性别影响评估与案例检验 [J]. 科研管理，40(03)：133-142。

10.1 性别影响评估的必要性

创新成果集中体现了个体主观能动性,具有强烈的外部性和社会影响力,为社会中的两性关系带来了深刻而深远的影响。当前的性别影响评估源于女性主义运动和荷兰政府的政策分析工具,是对政策进行文本分析并通过反事实研究来预测政策在未来所产生的影响。然而,政策分析强调的是非实体成果的社会影响分析和干预。为了避免实体成果的性别影响陷入"科林格里奇困境"[①],性别影响评估需要从创意开始,涵盖设计、生产、制造、商业化、社会建构等全过程。鉴于传统的性别影响评估无法完全适用于实体和非实体的创新成果评价,笔者提出了"创新管理中的性别影响评估"及其工具包。

接下来,首先回顾传统的性别影响评估,阐述性与社会性别逐渐实现边界拓展的趋势,以找到创新管理与性别影响评估之间的理论间隙。据此,设计出"创新管理中的性别影响评估"全过程,并开发投入-产出-影响模型、影响评估标准矩阵和空间递推矩阵三种分析工具,组成完整的工具包以支撑整个性别影响评估的系统性和逻辑性。最后,以失能老人辅助器具的市场探索为例,验证了性别影响评估在实践中应用的可能。作为科技与政策评价的新工具,创新管理中的"性别影响评估"是适应多样化创新成果形式的体现,它能够帮助政策制定者、科技创新者、利益相关者重视并正视创新成果外溢的性别影响,兼顾创新成果的科学性与社会性,促进"创新驱动发展"下的多元融合、社会和谐、价值普惠与共享,为创新管理、科技与政策评价提供新视角。

---

① 科林格里奇困境(Collingridge's Dilemma)是英国技术哲学家大卫·科林格里奇(David Collingridge)在《技术的社会控制》(*The social control of technology*,1980)一书中提出的。它描述了技术控制的两难困境:如果科学家因担心一项技术的不良后果而过早地对其实施控制,那么该技术很可能难以爆发。反之,如果控制过晚,技术已经成为整个经济和社会结构的一部分,那么再消除不良后果会消耗大量的时间和高昂的成本,难度也更大,以致难以甚至不能消除技术带来的不良后果。

10.2 性别影响评估设计

10.2.1 政策分析中的性别影响评估

最早用于评价性别影响的工具,是由荷兰政府开发出的,服务于政策领域的性别主流化[①]运动(Sapiro,1986)。其应用范畴是政策分析领域,强调在政策制定和执行过程中纳入更多数量的女性,涉及包容性政府(Goetz,2009)、女权运动(Weldon,2002)、女性参政代表性(Lovenduski 等,2005)等,以确保政策的性别友好性(Walby,2005)。

然而,随着生理性与社会性别意识的普及,"性别化"不断实现边界拓展,性别与创新实践、性别与管理实践、性别与科学研究都在进行着性别化的二次建构。2003 年,斯坦福大学著名女性主义科学史教授施宾格提出,"社会性别"将会成为科学研究中的重要组成部分(Schiebinger,2003)。性别化创新研究通过在科学研究与创新过程中增加性别维度,借助性与性别分析法发现理论缺陷以及被忽视的研究问题,从而激发对两性负责的创新研究成果。吴欣桐和陈劲在 2018 年将"性别化创新"引入国内,以女性创新者的刻板印象作为整个研究的出发点和背景(吴欣桐等,2017),提出了"性别化创新"的方法论与视角(陈劲和吴欣桐,2018),构建了性与性别分析法的逻辑过程并不断将性别化创新向创新管理领域拓展(吴欣桐等,2018)。

在政策分析中,性别影响评估的目标是在政策实施之前,详细列出潜在影响,其实施步骤如下:① 描绘在政策实施之前的实际状态;② 预测自然状态下的未来状态;③ 对政策内容进行细致分析和解读,包括内容、措施、进度安排、目标和涉及领域;④ 分析可能存在的潜在影响;⑤ 区分并平衡正向和负向影响。作为政策分析工具,性别影响评估应充分考虑到社会环境与制度环

[①] 性别主流化,是欧盟提出的政策领域的社会运动,指的是组织、提高、发展和评估政策过程,让两性平等观点渗透到政策制定的各个层次和阶段。

境的影响，包括：劳动市场的性别分层（有偿和无偿工作类型、决策和非决策职位、职业领域）；组织对社会关系的影响（生育决策、工作与家庭的平衡、育儿与养老责任）；社会资源的配置、资源可获得性、社会性别制度约束等；社会价值取向中的平等性、自主性、多元化等。

传统的性别影响评估的主要功能在于政策分析，主要强调政策内容分析和制定过程分析。倘若将性别影响评估应用到创新管理领域，则意味着从政策分析拓宽到实体和非实体创新成果的评估。在没有成型的技术文档或产品说明之前，如何对原始创意或原型产品进行性别影响评估？实体成果的说明文档是否能够沿用政策文本分析方法来进行性别影响评估？在创新过程的起始节点、界限、社会建构的影响等诸多问题尚未明确的情况下，能否进行性别影响评估？评估后的创新治理方式能否借鉴政策修订和改进方式？由于上述问题均未明晰，因而"创新成果评价"与"性别影响评估"之间存在着不匹配性，无法广泛适用于其他形式的创新成果。因此，有必要超越政策分析领域，开发出能够适用于实体和非实体创新成果的性别影响评估方法，拓展性别影响评估的应用领域。

10.2.2 性别影响评估过程设计

创新评价研究相对成熟（彭雪蓉和刘洋，2016）。创新管理中的性别影响评估是将实体和非实体创新成果的性别影响评估嵌入创新过程，借助创新过程的模式、方法、内容规范整个性别影响评估的逻辑过程。整个过程分成筛选、设计、审查、创新治理、实现创新目标五个步骤，如图10-1所示。为了使分析更加系统全面且具有逻辑性，我们开发了投入－产出－影响模型（A）、影响评估矩阵（B）、空间递推矩阵（C），共同组成性别影响评估工具包。

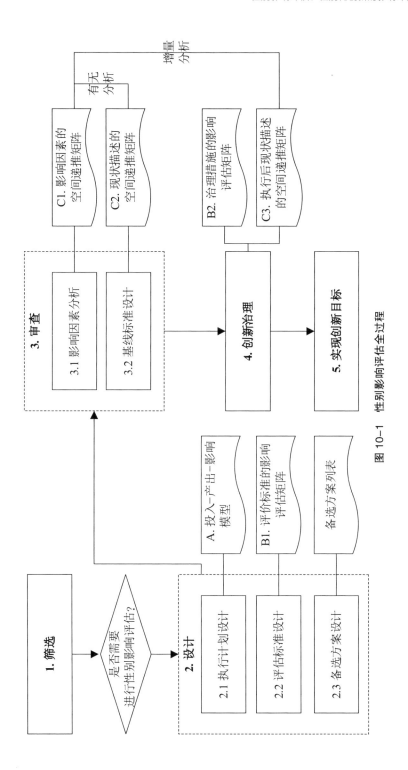

图 10-1 性别影响评估全过程

10.3 工具包开发

10.3.1 行业初步筛选

筛选是性别影响评估的基础，其目的在于划定界限，将性别影响评估的应用范围划定到具体的行业领域，确定行业环境、适用性技术特点、相关技术规范与标准、创新范式等，初步判断对两性带来的潜在影响，从而确定是否有必要进行性别影响评估。初步筛选过程大致包括：确定行业基本政策规范；梳理行业技术特点和过程，如何与性别发生联系；明确生理性别和社会性别差异会产生何种影响。

10.3.2 过程设计与评估

创新过程的设计与评估主要涉及执行计划、评估标准、备选方案设计三个方面。

1. 执行计划设计

执行计划包括原理、工艺流程、开发阶段、执行过程、责任分担和利益分配等。为了便于传递和存档，需要撰写规范性文档，例如性别影响文书（Cooper 和 Sheate，2002）。需要明确的是，技术型产品或工艺的性别影响文书与技术文书存在明显区别，前者兼具可视化和通俗化的特点，有利于创新成果的普及、表述和多方理解。本小节提出了执行计划的可视化表达方式即投入－产出－影响模型（A）（Rose 和 Casler，1996），如图 10-2 所示。模型中，"投入"分成为有形投入和无形投入两部分。其中，有形投入包括人力，数据、信息与技术，设备，资金，组织管理等；无形投入包括了创意、生产、商业化及社会过程中的诸多要素。另外，社会提供外部基础，包括社会文化、生活方式、利益分配制度、政府规制与政策等。

2. 评估标准设计

创新成果对性别的影响具有不确定性，很多"惠及女性"的初衷被建构成

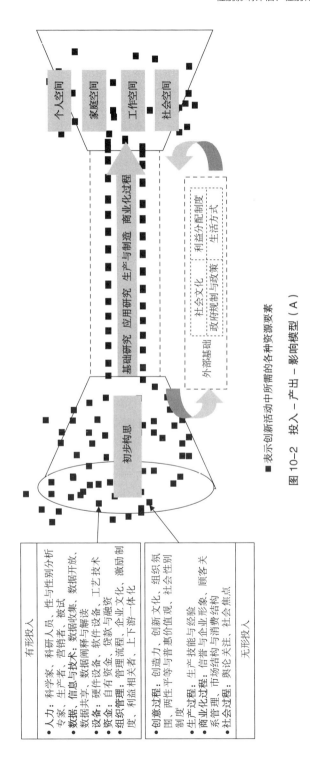

图 10-2 投入 - 产出 - 影响模型（A）

具有"歧视女性"之嫌,如女性专用停车位和专用车厢等。因此,创新成果的影响评估需要从社会建构的角度进行解读。本小节建立了创新成果的产品维度和社会建构维度的影响评估标准矩阵(梅亮和陈劲,2015),如表10-1所示。产品维度和社会建构维度是天然相关的:创新成果的产品维度能够回应各个主体的社会需求,而社会建构维度是将各类社会主体嵌入创新成果,把创新主体行动和产品转化成社会性别影响。每个维度都有五个层次:技术评价与预测、预防性原则、伦理原则、政府与利益相关者参与、公众动员与多方谈判(von Schomberg, 2013;Van den Hoven, 等 2015)。矩阵类似于问题清单,需依次制定问题的上下限、原则、涵盖性术语(umbrella term)、兜底原则等来确定评估标准。

表10-1　影响评估标准矩阵(B1)

产品维度	社会建构维度				
	技术评价与预测	预防性原则	伦理原则	政府与利益相关者参与	公众动员与多方谈判
技术评价与预测	/	在设计、使用和废弃过程中是否存在风险;存在何种潜在风险	在设计、使用和废弃过程中符合或违反了何种伦理规范;要遵循何种伦理规范	如何参与到特定对象的技术评价与预测中;责任和目标是什么	如何参与到特定对象的技术评价与预测中;目的是什么
预防性原则	不同对象的预防性原则的前瞻思考、发展和改进可能	/	预防性原则符合或违反了何种伦理规范;要遵循何种伦理规范	如何参与到特定对象的风险分析和预防性原则制定的过程中;责任和目标是什么	如何参与到特定对象的风险分析和预防性原则制定的过程中;目的是什么

(续表)

产品维度	社会建构维度				
	技术评价与预测	预防性原则	伦理原则	政府与利益相关者参与	公众动员与多方谈判
伦理原则	不同对象的伦理原则的前瞻思考、发展和改进可能	涉及的伦理原则中,是否存在风险;存在何种潜在风险	/	如何参与到特定对象的伦理原则制定的过程中;责任和目标是什么	如何参与到特定对象的伦理原则制定的过程中;目的是什么
政府与利益相关者参与	改进政府与利益相关者的参与方式	政府与利益相关者的参与方式是否存在风险;存在何种潜在风险	政府与利益相关者的参与方式符合或违反了何种伦理规范;要遵循何种伦理规范	/	公众参与如何在公共政策目标中起作用;目的是什么
公众动员与多方谈判	改进公众动员与多方谈判的方式	公众动员与多方谈判过程中是否存在风险;存在何种潜在风险	公众动员与多方谈判过程中符合或违反何种伦理规范、要遵循何种伦理规范	政府与利益相关者的利益如何适应公众利益;责任和目标是什么	/

3. 备选方案设计

备选方案设计包括对分析对象的各个参数进行调整,形成可替代方案。"无措施"方案也属于可替代方案,类似于经济评价中的"有无对比"原则,即通过比较有、无采取该措施这两种情况下的投入物、产出物可获量的差异,识别这一措施的增量费用和效益。

10.3.3 影响因素审查

1. 影响因素分析

性别维度兼顾了生理性别和社会性别差异，能够通过个体行为与社交活动影响家庭、工作、社区和社会中的两性关系。基于此，我们设计了"影响因素的空间递推矩阵（C1）"，使用"空间"和"类型"两个维度对具体情景进行切片：空间维度是沿着个体行为对两性关系的影响范畴，由个体逐步向外延伸，依次为个人空间、家庭空间、工作空间和社会空间；类型维度包括经济活动、社会文化、政策与法律。详细如表10-2所示。

表 10-2 影响因素的空间递推矩阵（C1）

维度	个人空间	家庭空间	工作空间	社会空间
经济活动	财富积累；获得贷款成功率；可支配收入数额；经济活动自主性	家庭消费决策；个人收入占总家庭收入的比例；家务与工作的分担；工作与家庭平衡	性别收入差距；晋升和考核不公；管理层中的女性占比；管漏现象；职业隔离	对经济、金融和贷款的决策能力；女性细分市场
社会文化	自信与自我效能感；入学机会；辍学风险；教育质量以及劳动力市场回报；性别刻板印象	男主外、女主外观念；育儿与养老责任；家庭身份与地位；依恋与亲密关系	STEM领域歧视；流动性约束；工作自主性	社会性别规范；刻板印象；参与集体活动；参与社区建设
政策与法律	参政积极性；维权意识	家庭暴力；婚姻自由；关于婚姻维权知识和能力	关于劳动保护的维权知识和能力	关于妇女保障的维权知识和能力；土地拥有权

各影响因素之间具有交互作用：经济活动为个体提供最基本的物质保障；社会文化通过为个体活动提供基本社会氛围、制度规范和固定的社会认知图式

来限制两性的个体行为；政策与法律在为社会活动提供保障性措施和约束的同时，个体对政策与法律的知识的掌握和应用程度直接影响着其可获得和享受的经济、政治、教育、劳动、婚姻、民主权利等。

2.基线标准设计

基线标准是自然发展状态下的未来状况。基线标准分析流程如下（见图 10-3）：首先，根据影响因素的空间递推矩阵（C1），可列出全部影响因素的现状，从而得到现状描述的空间递推矩阵（C2）。其次，合理预测自然状态的演变方向，重点分析人类活动、产业发展、国家政策等。通常，在现有数据的基础上通过数理建模和情景推理进行预测，以此建立基线标准。项目执行后，用执行后现状描述的空间递推矩阵（C3）来描述执行后状态、自然发展状态，并与基线标准进行对比，得出项目的增量效果。

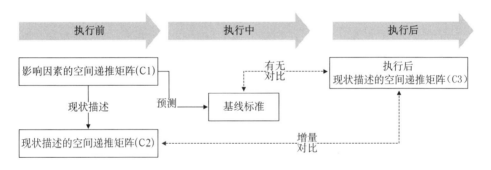

图 10-3 基线标准分析流程

创新成果的基本目标是实现成果的科学性、先进性、可行性、可操作性、经济性等，而性别化创新成果所要达成的目标是促进两性平等和社会普惠。更广泛地，创新成果属于社会发展与文明进步的范畴，涉及了道德伦理、社会责任与和谐发展。向外延展后的性别影响评估目标，涵盖了技术进步、经济发展、社会文明、性别平等、公众满意、道德可接受、普惠价值、包容式发展、创新自省等。

10.4 案例检验

为了检验创新管理中的性别影响评估的应用,本节以"失能老人辅助器具市场探索"为例,嵌入"性别影响评估",目的在于说服器具生产企业进行性别化市场拓展、设计市场探索方向。囿于篇幅有限,我们只做行业筛选和市场探索设计两个部分。类似案例在 2018 年被收录欧盟"性别差异创新数据库"。

10.4.1 失能老人辅助器具行业的筛选

辅助器具包括行动辅助器具、视觉与听觉辅助器具、个人应急和报警系统、认知和进食辅助器具。对于失能老人而言,一方面性别差异会导致失能老人对辅助器具的生理需求差异,两性的身高、体重、手掌大小等具有差异,在器具的尺寸设计上需要增加可调节的范围。另一方面,性别差异会导致社会需求差异。对于失能老人的照料者而言,由于女性主要承担着照料老人的责任,因而肢体器具设计首要的是解决性别差异的影响:① 减轻肢体器具的自重或增加机械的额定功率,减轻女性照料者的体能负担;② 在器具设计中,增加私处遮挡设施,提高异性护理的便捷性。将性与性别差异嵌入辅助技术与器具研发过程,有利于提升使用体验和实用性、促进市场推广。

10.4.2 失能老人辅助器具市场探索的设计

1. 投入-产出-影响分析

进行失能老人辅助器具市场探索,主要是为了解决辅助器具在失能老人中使用率较低的问题,鼓励政府和企业拓展辅助器具市场。因为老年人无法再次参与经济活动、在家庭和社会中均处于弱势地位,往往无法做出购买决策(张文娟和谭文静,2016)。因此,目标市场及其探索方式具有特殊性。建立的"投入-产出-影响模型"及相关要素如表 10-3 所示。

表 10-3　失能老人辅助器具市场探索的"投入 – 产出 – 影响模型"

阶段	要素
投入阶段	① 人力投入：辅助器具设计者、医生与护理人员、性与性别分析专家、家庭照料者、轻度失能者、生产者和营销者、康复器械质量监督检验中心 ② 数据投入：医疗数据、市场数据、生理需求和社会需求差异数据、护理人员经验、失能者和护理者的需求挖掘 ③ 创意过程：嵌入性别维度 ④ 商业化过程：以女性家庭护理人员为重点营销对象 ⑤ 社会过程：以老龄化社会和家庭照料压力制造舆论话题 ⑥ 其他投入：设备、资金、组织管理、生产
产出阶段	分性别设计产品和进行市场探索与推广
影响阶段	① 提高辅助器具的使用率，满足失能老人的生理需求，提升失能老人的生活质量 ② 减轻家庭照料或专业护理人员的工作不便性，节省照料者的工作时间，减轻照料者的体力负担 ③ 扩大辅助器具市场，增加企业利润

2. 辅助器具的需求挖掘

从需求差异来看，据 2013 年中国卫生统计年鉴和医学文献，女性患有关节炎和类风湿性关节炎的可能性更大，听力和行动损伤对男性的影响更大。如表 10-4 所示，女性在视力、听力、咀嚼、排泄方面的失能程度明显高于男性，对相关辅助器具的需求更大。

表 10-4　分性别老人的失能状态数据（部分）

状况	选项	比例差值（男 – 女）	状况	选项	比例差值（男 – 女）
老年人看东西是否清晰	一般	−4.70%	老年人耳朵是否听得清楚	一般	−3.88%
	不太清楚	−12.38%		不太清楚	−1.72%
	几乎完全看不清	−36.82%		几乎完全听不清	−20.06%

(续表)

状况	选项	比例差值 (男-女)	状况	选项	比例差值 (男-女)
老年人是否有缺牙状况	有	-26.97%	老年人是否有过大小便失禁	有	-2.04%

从市场需求潜力来看，据 2010 年中国城乡老年人口状况追踪调查数据，女性未使用辅助器具的比例均为 50% 以上，其中老花镜（56.12%）、助听器（51.92%）和假牙（51.79%）的未使用比例最高；而男性未使用辅助器具的比例在 48% 左右（除老花镜），其中拐杖（48.93%）、轮椅（48.36%）和吸氧机（48.27%）的未使用比例最高。以上数据说明：失能老人在辅助器具上存在大量的未满足需求；由于女性失能老人对辅助器具的需求更大而辅助器具使用率更低，因而开拓女性失能老人为潜在市场具有可行性。

从需求层次来看，失能老人使用辅助器具的最低层次需求是身体机能补偿，因此：①辅助器具的设计，要分性别调查失能老人的生理需求、心理需求，并将其用于器具完善；②很多辅助器具的操作者是家庭照料人员和专业护理人员，要招募他们参与问卷调查或市场调研，了解他们在照料过程中的不便和关键问题；③在研发、生产辅助器具时，要对失能老人体重、身高、臂长等进行仔细测量并分性别进行对比，明确失能类型和程度，增加设计规格的灵活性，使辅助器具通过简单拆卸、伸缩操作来适应不同性别老人的身形；④在运营和推广辅助器具时，需要注意两点：一是在家庭购买决策中，是否购买以及购买何种辅助器具的决策者和支付者往往是女性（妻子、女儿、儿媳等）；二是家庭照料工作主要由女性承担，她们也是大部分辅助器具的实际操作者，因此在失能老人辅助器具市场探索中，女性是关键目标对象。

参考文献

ANNE MARIE GOETZ. 2009. Governing women：women's political effectiveness in contexts of democratization and governance reform[M]. New York：Routledge.

COOPER L M, SHEATE W R. 2002. Cumulative effects assessment：a review of UK environmental impact statements[J]. Environmental Impact Assessment Review, 22(4)：415-439.

GOETZ A M. 2009. Governing women：women's political effectiveness in contexts of democratization and governance reform[M]. London：Routledge.

LOVENDUSKI J, BAUDINO C, GUADAGNINI M, et al. 2005. State feminism and political representation[M]. Cambridge：Cambridge University Press.

ROSE A, CASLER S. 1996. Input–output structural decomposition analysis：a critical appraisal[J]. Economic Systems Research, 8(1)：33-62.

SAPIRO V. 1986. The gender basis of American social policy[J]. Political Science Quarterly, 101(2)：221-238.

SCHIEBINGER L. 2003. Introduction：feminism inside the sciences[J]. Signs Journal of Women in Culture & Society, 28(3)：859-866.

VAN DEN HOVEN J, VERMAAS P, VAN DE POEL I. 2015. Handbook of ethics, values and technological design[M]. Dordrecht：Springer.

VON SCHOMBERG R. 2013. A vision of responsible research and innovation[M]//OWEN R, BESSANT J R, HEINTZ M. Responsible innovation：managing the responsible emergence of science and innovation in society. New Jersey：Wiley & Sons, 51-74.

WALBY S. 2005. Gender mainstreaming：productive tensions in theory and practice[J]. Social Politics, 12(3)：321-343.

WELDON S L. 2002. Beyond bodies：institutional sources of representation for women in democratic policymaking[J]. Journal of Politics, 64(4)：1153-1174.

陈劲, 吴欣桐. 2018. 性别化创新的理论内涵与实践应用：性与性别分析法的贡献 [J]. 社会科学战线, (4)：67-71.

梅亮, 陈劲. 2015. 责任式创新：源起、归因解析与理论框架 [J]. 管理世界, (8)：39-57.

彭雪蓉, 刘洋. 2016. 我国创新评价研究综述：回顾与展望 [J]. 科研管理, 37(S1)：247-256.

吴欣桐, 陈劲, 梁琳. 2018. 性别化创新的分析逻辑：科学研究中的性与性别分析法 [J]. 科学学研究, 36(09)：1659-1667.

吴欣桐，陈劲，梅亮，等 . 2017. 刻板印象：女性创新者在技术创新中的威胁抑或机会？[J]. 外国经济与管理, 39(11)：45-60.

张文娟，谭文静 . 2016. 中国老年人辅助器具的使用行为分析 [J]. 人口与发展, 22(3)：100-112.

过度性别化：性别化创新中过犹不及的问题

性别化创新是基于效率逻辑、服务主导逻辑和科学逻辑而提出的，已经取得了显著的创新效果。从效率逻辑来看，性别化创新是一种降低开发失败风险、减少经济和人身健康损失的开发方式。美国政府问责局（Government Accountability Office，GAO）报告显示，大量药物撤出市场是由于性别差异而导致的健康风险。开发一种药物平均花费数十亿美元，如果未对药物进行性别特异性实验以控制性别化健康风险，将会造成极大的经济损失和人身健康损害。性别化创新则可以借助性与性别分析来指导研发过程中的性别特异性分析，从而大大降低药物在性别化健康风险上失败的概率。从服务主导逻辑（service dominant logic）（Vargo 和 Lusch，2004）来看，缺乏对于性别的思考会错失诸多市场机会。与商品主导逻辑相比，服务主导逻辑强调顾客在价值创造中的主导作用，顾客作为价值共同创造者，反向促使企业开始关注顾客的差异性特征、真实需求及感知价值，为其提供服务、使用功能以及使用价值。鉴于两性在对产品的使用习惯、态度、购买力等方面具有显著差异，性别化创新有利于开发细分市场，更好地满足顾客需求。例如，在人体工学设计领域，汽车安全带的设计需要考虑到安全带对孕肚的压迫，改进安全带使其分别系于胸部和腰部，空出的腹部将免于在碰撞发生时受到挤压。从科学逻辑来看，将性与性别因素嵌入基础研究和应用研究，所提供的性与性别的研究视角和维度有利于找到理论间隙从而获得创新成果。例如，性与性别分析法的使用正确处理了临床上缺血性心脏病中的性别偏倚，获得了对男性和女性的相关病理的新认知，进而探索出一种新的诊断技术，比血管造影更加准确。

然而，"性别化"的另一个极端是"过度性别化"，即过度强调或错误判定性与性别的差异，使得创新行为超出了性别化对象的需要，导致结果偏差，呈现出一种过犹不及的现象。目前关于性别化创新的研究并未讨论性别化不足、过度和适度的问题，但现实中此类问题并不少见（Williams 等，2008）。例如，全球某骨科巨头 ZB 公司在其膝关节假体设计中，提出了性别解决方案（gender solutions）却一再被认为"女性专用膝关节假体或不具备临床优势"；荷兰一款专为 7—12 岁女孩设计的电子游戏 KidCom 界面以粉色为主（Lucas 和 Sherry，2004），然而其设计者发现大多数女孩并不喜欢粉色（Jenson 等，2011；Toro-Troconis 和 Mellström，2010）。这两种设计方案都体现出设计者在分性别设计的过程中，过度地或错误地判定了性别差异的影响，缺少经验数据来判断两性在行为、能力和偏好方面的性别差异和相似之处，导致设计成果不符合实际市场需求。

11.1 性别化创新及其悖论

自 2009 年"性别化创新"概念被正式提出之后，欧洲委员会、美国国家科学基金会都先后制定了相关政策来帮助科研机构通过机构性改革和制度修正政策促进性别化创新。性别化创新提出的初衷，是解决科学研究与创新过程中的"性别化不足"问题。例如，在基础科学领域，男性身体常常被视为标准与参考模型，女性身体的常规指标（身高、体重、体温、心率、血压等）与之有所偏离，另外，女性还具有特殊的月经期、妊娠期、产褥期等，在激素水平波动的影响下，其身体指标偏离更大。在科学研究与创新过程中，这意味着更多的变量、更大的方差、更持续的观测时间和更频繁的回访次数。而被试是否应该纳入孕妇至今仍属于挑战性问题。因为变量的研究范畴不再局限于孕妇本身，对胎儿及其成长的影响将会是一个更为长期的回访过程，所以实验的安全性、责任性将具有更为深远的意义。这些都是造成"性别化不足"问题的重要原因。

性别化创新作为一种创新范式，影响着科学研究的理论分析方法和实践规范，其核心分析方法是性与性别分析法。在基础研究、应用研究和开发研究中嵌入性与性别分析法，能够实现对科学研究在性别维度的反思、审视原有科学研究中可能被忽视的理论间隙，从而得到性别化研究新发现。性别化主要是为了在科学研究与创新过程中嵌入性别维度，考察性与性别对于研究与创新的影响。

性别化创新的分析逻辑是科学研究中的性与性别分析法，而修正女性数量、修正知识和修正制度之间隐含着逻辑关系（如图11-1所示）。女性被试、性别分析专家、团队女性成员的加入，必然携带着两性不同的数据、经验、经历；当多元化的知识带来性别化创新之后，创新的外部性溢出会反向促进原有制度的反身思考和改进，修正后的制度会进一步促进修正数量和修正知识的执行。

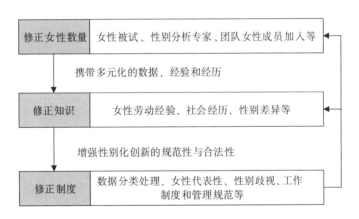

图 11-1　性别化创新战略之间的逻辑关系

但对性别化不足问题的矫枉过正就会带来过度性别化的问题，过分强调性别差异会导致结果偏倚，主要包括以下三类情况：

（1）在没有充分实证和经验数据支持的情况下主张性别化创新。随着基础科学研究对性别差异的强调，一旦在研究设计中涉及性别差异分析，极有可能产生的默会假设是"性与性别差异的确存在"或"性与性别差异对结果具有显著影响"（IOM，2012）。而实施性别化创新的重要前置条件是同行审查通过的数据在统计上能够支持关于性别差异的说法。例如：医学上认为系统性狼疮属于一种免疫性疾病，临床上的女性发病率要明显高于男性；然而专家在进行疾病筛查和实验时发现，基因所导致的具有特定形式人类白细胞抗原基因才是重要致病因素，性别因素并未得到统计上的数据支持（Patsopoulos等，2007）。

（2）两性之间的差异被不适当地归咎于生理性别差异。当研究者发现男性和女性之间存在差异时，往往忽视事实上的其他影响因素（例如经济地位、社会性别角色等）而过分强调生理性别差异的影响。美国国家医学院（National Academy of Medicine）指出，从历史上看，诸多关于种族、族裔、年龄、国籍、宗教和性别的研究，均有可能导致刻板印象的产生（Pardue 和 Wizemann，2001）。例如在电子游戏设计领域，早期的设计者认为男性和女性玩家在电子游戏兴趣和技能上有根本差异，由此而制作了蓝色游戏（blue game）（例如竞速类、策略类、冒险类游戏）和粉色游戏（pink game）（例如时尚类、养成类、公主主题游戏），而这种差异正是源于对男性和女性的刻板印象，而对两性游戏偏好的研究表明并不存在性别差异（Faulkner 和 Lie，2007）。

（3）自动排除其他重要变量。通常情况下，性别变量与诸多变量具有显著相关关系，在分析自变量与因变量之间相关关系时，性别变量极有可能被认定为具有代表性的变量。然而，这种相关关系的检验需要进一步对比判断，其他连续变量是否比性别二元变量具有更好的解释度。从统计分析上看，基于性别的组间方差分析（例如 $x2$ 分析、McNemar test、Cochran's Q 检验等）远远不够，而必须将各类单因素方差分析的结果进行对比。例如，关于是否有必要设计女性专用膝关节假体的讨论中，并没有证据支持女性专用的膝关节假体具有更优越的临床治疗效果，反而"身高"这一连续变量对于膝关节假体的选择具有更好的参考性[①]。

---

① 性别专用的膝关节假体将作为本节的研究案例进行详细分析。

11.2 研究方法与案例选择

本小节采取案例分析方法来研究性别化创新中的过度性别化问题。膝关节置换术（Total Knee Arthroplasty，TKA）是一种常见的骨科手术，常用于治疗严重膝关节骨关节病，而女性是主要病患（Kurtz 等，2011）。在 2006 年以前，用于膝关节置换的膝关节假体是男女通用的，虽然在模型设计时常常被诟病女性病患的代表性不足，但是其可以通过测定膝关节前后尺寸来选择（Fricka 和 Hamilton，2009）。2007 年，骨科公司 ZB 通过分性别的元分析，提出：因为女性膝关节中的 Q 角度更大、内侧－外侧的前－后长宽比更小（Conley 等，2007），所以需要分性别设计膝关节假体。基于此，该公司设计实施了 Gender Solutions 计划。该公司首次在膝关节假体设计中将性别纳入考量范围，然而自 2007 年起，已有临床医学者通过临床数据支持结论"女性专用膝关节假体或不具备临床优势"，但该计划仍沿用至今。从案例极端性（Eisenhardt，1989）、范式性（Pettigrew，1990）和资料丰富程度（Yin，2017）等方面来看，ZB 公司的 Gender Solutions 计划均可被视作典型案例，具有较高的分析价值。

针对研究问题，选取了纵向案例研究方法，理由如下：①本研究问题具有解释性和归纳性特征，主要是探讨性别化创新中的过度性别化在商业社会和研究过程中的体现，并对其进行归因解析，而案例研究正适合于解决"怎么样"和"为什么"的研究问题（Eisenhardt，1989；Yin，2017）；②患者和医护人员对 Gender Solutions 计划的反应具有明显的变化，纵向案例研究能够展现出随着时间推移市场对过度性别化产品的态度转变。案例分析的数据来源遵循"三角验证"的原则，以避免一手资料带来的印象管理（impression management）和回溯性释义（retrospective sensemaking）问题（Strauss 和 Corbin，1997；Eisenhardt 和 Graebner，2007），有效减少文本的信息偏差，保证案例研究的信度和效度。数据来源包含：产品的相关文献资料、档案文件、产品使用说明；与膝关节置换术相关的期刊论文；公司年报、公司官网信息、媒体报道；公司股价数据。

研究设计如下：通过数据资料，初步整理 ZB 公司关于 Gender Solutions 计划的发展过程及各界对性别特异的膝关节置换术的反应，验证过度性别化创新违反了服务主导逻辑和科学逻辑；以 ZB 公司从 2001 年 8 月到 2019 年 1 月的股价变动情况为基本数据，通过结构突变检测找出股价变动的结构性断点，分析过度性别化创新对企业绩效的影响，验证过度性别化创新违反了效率逻辑；以性别化创新的三种策略为分析维度，提炼 Gender Solutions 计划产生过度性别化问题的原因，并试图提出性别化创新的方法。

11.3 实证分析结果

11.3.1 Gender Solutions 计划的发展过程

Z 公司于 1927 年成立，2016 年 Z 公司收购了 B 公司，建立 ZB 公司，当年营业收入超过了 76 亿美元，成为全球骨科领域第二大巨头，致力于满足患者和外科医生的需求，推动全球肌肉骨骼医疗保健行业的发展。

从解剖上看，人类膝关节存在明显的性别差异。与男性相比，女性的股骨髁相对更窄（内外径与前后径的比值更小）、前部凸起更明显，且由于身高相对较矮，女性膝关节的 Q 角也普遍大于男性。2007 年，ZB 公司基于一项元分析研究结果，即男性和女性的膝关节的解剖形态上具有明显差异，开发出了女性专用膝关节假体并发起 Gender Solutions 计划，力图在解剖形态上更真切地复制女性膝关节，进一步提升女性患者置换假体后的膝功能和患者满意度。ZB 公司的研究人员认为：临床外科的大量实践报告已经证实男性和女性的膝关节具有明显的解剖学差异（Hitt 等，2003；Vaidya 等，2000），骨科医生在为患者安装人工膝时，会进行大量的调整来适应女性膝关节的解剖学差异（Chin 等，2002）；在美国每年进行膝关节置换术的患者中，女性占三分之二，而女性放弃膝关节置换术的概率是男性的三倍[①]，女性患者将会是一个巨大的膝关

---

① 来自美国卫生与公众服务部、美国疾病控制与预防中心和美国国家卫生统计中心的数据报告。

节假体市场。在企业内部，膝关节业务占比最大，为36%；其次是髋关节业务，为24%；最后是S.E.T.① 业务为21%。其中，膝关节特色产品是Gender Solutions NexGen High-Flex Knee高屈曲度后人工膝，其搭载的NexGen系统，可以根据用户的膝关节影响和模型设计出一套特定部件、尺寸和固定方式的人工膝。

在Web of Science数据库中，我们发现：2006年之后，关于性别特异性膝关节假体研究的文献数量大幅增加（如图11-2所示），众多学者开始质疑分性别假体的必要性：虽然在Gender Solutions计划所构建的模型中，女性膝关节的前股骨内外侧径更窄、前翼更薄，模型更加符合女性膝关节的特点，可以在理论上避免髌骨关节存在的"过度填充"问题，但是在大量的双盲对照实验中，这种女性专用膝关节假体并没有体现出明显的术后功能。也就是说，虽然分性别所构建的模型表现出的解剖形态更加真切，但是在统计学上并不具备显著性，其内生性问题也很明显：有其他变量影响着膝关节假体的术后功能。

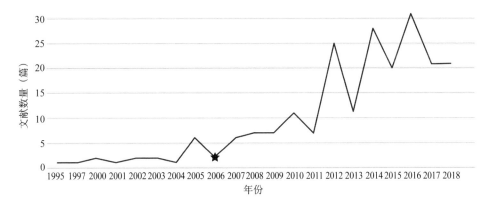

图11-2 关于性别特异性膝关节假体研究的文献量时间序列图

资料来源：笔者在Web of Science数据库中的关键词搜索结果。

---

① S.E.T.包括外科、运动医学、足踝、创伤等业务。

笔者收集 ZB 公司从 2001 年 8 月到 2019 年 1 月的股价信息（如图 11-3 所示），利用 Bai-Perron 内生多重结构突变方法对数据进行结构性突变分析，从而识别出股价断点。

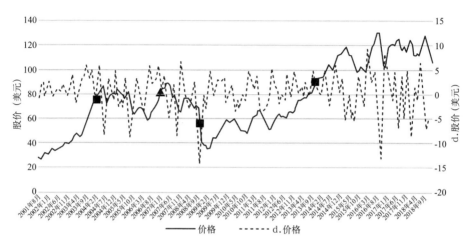

图 11-3　ZB 公司从 2001 年 8 月到 2019 年 1 月的股价时间序列图与结构性断点

注：方形表示断点；三角形表示 Gender Solutions 计划开始实施的时间。

资料来源：笔者从英为财情网站中查询的 ZB 公司股价数据。

首先，从图 11-3 中可以发现，股价呈现出明显的阶段性变动，而股价的一阶差分在零点附近规则波动。采用增广迪基 - 富勒检验（Augmented Dickey-Fuller test, ADF）和投影寻踪（Projection Pursuit, PP）检验方法，对股价和股价的一阶差分平稳性单位根检验，结果如表 11-1 所示。可以发现：在进行一阶差分前股价有明显的单位根；而进行一阶差分后，股价呈现出平稳性，无单位根。

表 11-1　ZB 公司股价和股价的一阶差分的单位根检验

	Z(t)		1% 临界值	5% 临界值	10% 临界值
ADF 检验	price, notrend	-1.518(0.5244)	-3.474	-2.883	-2.573
	price, trend	-1.682(0.7588)	-4.004	-3.435	-3.135
	d.price, notrend	-8.392(0.0000)	-3.474	-2.883	-2.573
	d.price, trend	-8.386(0.0000)	-4.004	-3.436	-3.136

（续表）

		Z(t)	1% 临界值	5% 临界值	10% 临界值
PP 检验	price, notrend	-1.697(0.4324)	-3.474	-2.883	-2.573
	price, trend	-2.120(0.5348)	-4.004	-3.435	-3.135
	d.price, notrend	-8.026(0.0000)	-3.474	-2.883	-2.573
	d.price, trend	-8.018(0.0000)	-4.004	-3.436	-3.136

对股价进行结构性突变检测，借助敏感性分析的思想，依次将断点个数限定为 3、2、1，分别进行结构性突变分析，结果如表 11-2 所示，断点为 2013 年 11 月、2008 年 10 月和 2004 年 3 月（如图 11-3 所示）。从企业的收购历史中可以发现，2004 年 Z 公司收购了一家植入医疗器械公司并开发可视化骨关节检测技术，同年收购一家投资公司进行企业资产管理；2013 年 Z 公司进一步收购两家植入医疗器械公司，以用于完善本企业的牙齿和膝关节假体业务；2008 年前后 Z 公司并没有进行大规模收购活动，但从发起 Gender Solutions 计划以来，直到断点 2 附近，股价呈现出明显的下行趋势，有可能是由于市场对该计划的反应程度欠佳。

表 11-2 ZB 公司股价的结构性突变检测与结构断点

断点个数	突变检验（Break Test）	F 统计量（F-statistic）	标准化 F 统计量（Scaled F-statistic）	临界值（Critical Value**）	顺序断点（Sequential）	重分断点（Repartition）
3	0 vs. 1 *	724.7545	724.7545	8.58	2013M11	2004M03
	1 vs. 2 *	75.81689	75.81689	10.13	2004M03	2008M10
	2 vs. 3 *	82.43063	82.43063	11.14	2008M10	2013M10
2	0 vs. 1 *	724.7545	724.7545	8.58	2013M11	2004M03
	1 vs. 2 *	75.81689	75.81689	10.13	2004M03	2013M11
1	0 vs. 1 *	724.7545	724.7545	8.58	2013M11	2013M11

注：* 与 ** 均表示显著性（差异）水平，* 为显著，** 为极其显著。

11.3.2 Gender Solutions 计划中的过度性别化及其归因

通常情况下，为病患选择合适的膝关节置换假体选择所应遵循的简要过程如图 11-4 所示。

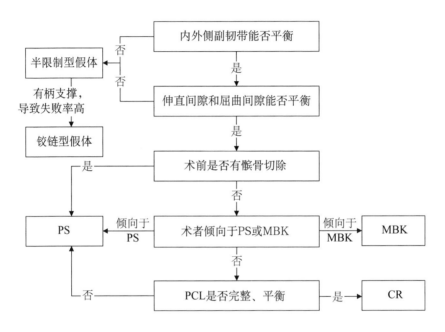

图 11-4　膝关节置换假体选择的简要过程

注：PS 是指后交叉韧带替代型膝关节假体；MBK 是指负重可活动膝关节假体；CR 是指后交叉韧带保留型膝关节假体；PCL 是指后交叉韧带。

根据过度性别化的三类典型情况，结合膝关节置换假体选择的简要过程，Gender Solutions 计划中的过度性别化具体表现如下：

（1）缺乏数据支持。从解剖学上看，男性和女性的膝关节性别差异表现在 Q 角、前髁高度和内外侧髁比值。研究表明，Q 角、前髁高度会在人站立时被校正，从而使得这种解剖学差异消失。而对于内外侧髁比值，ZB 公司虽然声明了"与男性相比，女性的外侧髁长度短 0.8mm（Sig.=0.02）、内侧髁长度短 1.3mm（Sig.=0.01）"，然而内外侧髁比值在临床上并不显著。

(2) 错误归因。将过度性别化错误地归因于生理性别差异，并自动排除了股骨长度、屈膝习惯等关键性要素。Dargel 等（2011）发现，当将男性和女性的股骨长度进行匹配对比时，膝关节的性别差异就会消失，也就是说股骨长度比性别更能预测膝关节解剖结构。另外，诸多关于膝关节形态的种族差异的研究报告显示，中国人、韩国人和新加坡人的膝关节普遍比白种人小，可见种族也是需要纳入考量的变量。另外，文化也会对膝关节假体设计提出要求：亚洲部分国家有盘腿坐和跪地的习俗，这导致对高屈曲膝关节假体设计有更多需求。

(3) 过度强调。过度强调性别因素而自动排除了其他影响因素，并在宣传过程中对患者产生错误导向。其他因素（例如身高、外科医生安装假体的经验等）也已经被证明对膝关节假体有重要影响（Sampath 等，2009；Bellemans 等，2010）。然而这些要素都必须通过严格的组间分析、匹配分析以防止因自变量高度相关而造成的虚假相关性。另外，对性别因素的不断强化会改变女性对医疗诊断结果的预期、强化其怀疑程度，致使她们选择更为昂贵的膝关节假体（Bozic 等，2007）。并且，至今虽然发现女性和男性膝关节之间存在解剖学差异，但并未证实标准假体和性别特异性假体之间的临床结果差异（Johnson，Costa 和 Mont，2011）。

11.3.3 性别化创新的方式

基于 Gender Solutions 计划案例，本研究提出了性别化创新的三种方式，在将性与性别维度嵌入科学研究与创新过程的同时，防止过度性别化的产生。

1. 在其他变量的背景下审查性与性别

性与性别本身就包含各种指标的差异，将性别纳入分析之后，意味着自变量之间的独立性减弱。研究膝关节置换术中的性与性别差异，标志着一种性别化创新，因为它提出了关于个体多样化的思考，并开始挑战以男性为标准的医疗模型。然而，这种关于个体多样化的性别化创新，只有在严格控制或分组的数据中进行，性与性别的解释力度才具备更高的信度。

2. 充分考虑交叉因素

男性和女性在诸多方面存在显著不同，这是社会建构的结果而非两性必然存在的差异。例如：在生活习惯方面，男性更容易抽烟、饮酒以及食用过多蛋白质和脂肪等，而女性则多饮水、食用食物纤维和碳水化合物；在就诊习惯方面，男性更倾向于选择一次性置换假体技术，而讨厌反复多次的复查诊断，而女性则无明显偏好；在术前膝关节活动能力方面，男性往往更喜爱运动，而诸多不规范的运动习惯和动作容易导致半月板损伤、膝关节炎、膝关节滑膜炎、膝关节积液等。这些因素都会影响到对膝关节置换假体的选择，而性别只是一个重要的信号而非解释变量。一旦性与性别被不准确地确定为关键差异，诊断错误的可能性就会增大。

3. 充分考虑研究成果的潜在利益关系

国际医学期刊委员会（The International Committee of Medical Journal）的编辑要求：在投递稿件时，需要申报与该研究成果具有利益关系的商业实体或关注该成果的商业实体。然而这类政策并没有得到广泛执行（Drazen等，2009）。性别化创新所带来的潜在市场开发价值、项目资助优势等会影响对嵌入性与性别必要性的判别，开发商、研究人员、医疗顾问、医生、大学和研究机构之间的利益关系会影响到研究结果的客观性（Gelberman等，2010）。在研究成果发布或申请基金资助时，提倡自行申报商业支持关联和潜在利益关系，这能够有效帮助同行评议或监管审查部门判定研究成果的价值。

参考文献

BELLEMANS J, CARPENTIER K, VANDENNEUCKER H, et al. 2010. Both morphotype and gender influence the shape of the knee in patients undergoing TKA[J]. Clinical Orthopaedics and Related Research, 468(1), 29-36.

BOZIC K J, SMITH A R, HARIRI S, et al. 2007. The 2007 ABJS Marshall Urist award：the impact of direct-to-consumer advertising in orthopaedics[J]. Clinical Orthopaedics and Related Research, 458：202-219.

CHIN K R, DALURY D F, SCOTT R D. 2002. Comparative measurement of male and female distal femurs during primary total knee arthroplasty[J]. Journal of Knee Surgery, 15: 213-217.

CONLEY S, ROSENBERG A, CROWNINSHIELD R. 2007. The female knee: anatomic variations[J]. Journal of the American Academy of Orthopaedic Surgeons, 15: S31-S36.

DARGEL J, MICHAEL J W P, FEISER J, et al. 2011. Human knee joint anatomy revisited: morphometry in the light of sex-specific total knee arthroplasty[J]. The Journal of Arthroplasty, 26(3): 346-353.

DRAZEN J M, VAN DER WEYDEN M B, SAHNI P, et al. 2009. Uniform format for disclosure of competing interests in ICMJE journals[J]. The New Englang Journal of Medicine, 361: 1896-1897.

EISENHARDT K M, GRAEBNER M E. 2007. Theory building from cases: opportunities and challenges[J]. Academy of Management Journal, 50(1): 25-32.

EISENHARDT K M.1989.Building theories from case study research[J]. Academy of Management Review, 14(4): 532-550.

FAULKNER W, LIE M. 2007. Gender in the information society: strategies of inclusion[J]. gender and technology development, 11 (2), 157-177.

FRICKA K B, HAMILTON W G. 2009. Gender-specific total knee arthroplasty: a current review[J]. Current Orthopaedic Practice, 20(1): 47-50.

GELBERMAN R H, SAMSON D, MIRZA S K, et al. 2010. Orthopaedic surgeons and the medical device industry: the threat to scientific integrity and the public trust[J]. The Journal of Bone & Jornt Surgery, 92(3): 765-777.

HITT K, J R SHURMAN II, GREENE K, et al. 2003. Anthropometric measurements of the human knee: correlation to the sizing of current knee arthroplasty systems[J]. The Journal of Bone & Jornt Surgery, 85: 115-122.

INSTITUTE OF MEDICINE. 2012. Sex-specific reporting of scientific research: a workshop summary[M]. Washington D.C.: National Academies Press.

JENSON J, FISHER S, DE CASTELL S. 2011. Disrupting the gender order: leveling up and claiming space in an after-school video game club[J]. International Journal of Gender, Science and Technology, 3 (1), 149-169.

JOHNSON A, COSTA C, MONT M. 2011. Do we need gender-specific total joint arthroplasty?[J]. Clinical Orthopaedics and Related Research, 469 (7), 1852-1858.

KURTZ S M, ONG K L, LAU E, et al. 2011. International survey of primary and revision total knee replacement[J]. International Orthopaedics, 35(12): 1783-1789.

LUCAS K, SHERRY J. 2004. Sex differences in video game play: a communication-based explanation[J]. Communication Research, 31 (5), 499-523.

PARDUE M, WIZEMANN T. 2001. Exploring the biological contributions to human health: does sex matter?[M]. Washington D.C.: National Academy Press.

PATSOPOULOS N, TATSIONI A, IOANNIDIS J. 2007. Claims of sex differences: an empirical assessment in genetic associations[J]. Journal of the American Medical Association, 298 (8), 880-893.

PETTIGREW A M. 1990. Longitudinal field research on change: theory and practice[J]. Organization Science, 1(3): 267-292.

SAMPATH S A C, VOON S H, SANGSTER M, et al. 2009. The statistical relationship between varus deformity, surgeon's experience, BMI and tourniquet time for computer assisted total knee replacements[J]. The Knee, 16(2): 121-124.

STRAUSS A, CORBIN J M.1997.Grounded theory in practice[M]. Thousand Oaks: Sage.

TORO-TROCONIS M, MELLSTRÖM U.2010.Game based learning in second life: do gender and age make a difference?[J]. Journal of Gaming and Virtual Worlds, 2 (1), 53-76.

VAIDYA S V, RANAWAT C S, AROOJIS A, et al. 2000. Anthropometric measurements to design total knee prostheses for the Indian population[J]. The Journal of Arthroplasty, 15(1): 79-85.

VARGO S L, LUSCH R F. 2004. Evolving to a new dominant logic for marketing[J]. Journal of Marketing, 68(1): 1-17.

WILLIAMS D, YEE N, CAPLAN S. 2008. Who plays, how much, and why? debunking the stereotypical gamer profile[J] Journal of Computer-Mediated Communication, 13, 993-1018.

YIN R K. 2017. Case study research and applications: design and methods[M]. Thousand Oaks: Sage.